Michael Schneider

Im Leben zu Hause

Michael Schneider

Im Leben zu Hause

Geschichten aus dem Alten Testament - von Menschen, denen es auch nicht anders ging

Fromm Verlag

Impressum/Imprint (nur für Deutschland/ only for Germany)
Bibliografische Information der Deutschen Nationalbibliothek: Die Deutsche Nationalbibliothek verzeichnet diese Publikation in der Deutschen Nationalbibliografie; detaillierte bibliografische Daten sind im Internet über http://dnb.d-nb.de abrufbar.
Alle in diesem Buch genannten Marken und Produktnamen unterliegen warenzeichen-, marken- oder patentrechtlichem Schutz bzw. sind Warenzeichen oder eingetragene Warenzeichen der jeweiligen Inhaber. Die Wiedergabe von Marken, Produktnamen, Gebrauchsnamen, Handelsnamen, Warenbezeichnungen u.s.w. in diesem Werk berechtigt auch ohne besondere Kennzeichnung nicht zu der Annahme, dass solche Namen im Sinne der Warenzeichen- und Markenschutzgesetzgebung als frei zu betrachten wären und daher von jedermann benutzt werden dürften.

Coverbild: www.ingimage.com

Contact:
International Book Market Service Ltd., 17 Rue Meldrum, Beau Bassin, 1713-01 Mauritius
Website: www.bookmarketservice.com
Email: info@bookmarketservice.com

Gedruckt in: USA, UK, Deutschland. Dieses Buch wurde nicht in Mauritius produziert.

Imprint (only for USA, GB)
Bibliographic information published by the Deutsche Nationalbibliothek: The Deutsche Nationalbibliothek lists this publication in the Deutsche Nationalbibliografie; detailed bibliographic data are available in the Internet at http://dnb.d-nb.de.
Any brand names and product names mentioned in this book are subject to trademark, brand or patent protection and are trademarks or registered trademarks of their respective holders. The use of brand names, product names, common names, trade names, product descriptions etc. even without a particular marking in this works is in no way to be construed to mean that such names may be regarded as unrestricted in respect of trademark and brand protection legislation and could thus be used by anyone.

Cover image: www.ingimage.com

Contact:
International Book Market Service Ltd., 17 Rue Meldrum, Beau Bassin, 1713-01 Mauritius
Website: www.bookmarketservice.com
Email: info@bookmarketservice.com

Printed in: U.S.A., U.K., Germany. This book was not produced in Mauritius.

ISBN: 978-3-8416-0213-8

Inhalt

Vorwort

Seit Menschen auf dieser Erde zu Hause sind, empfinden sie Neid und schieben sich Schuld gegenseitig zu, bauen sie Türme und erleben die Gefahr der Naturgewalten, leben sie in Angst und erfahren zudem die Befreiung aus solcher. Elf Kapitel am Anfang der Bibel erzählen von diesen Grunderfahrungen menschlicher Existenz. Als „Geschichten der Menschheit" können sie erzählt und gehört werden.
Weite Teile des Alten Testamentes erzählen von Menschen, die sich von ihrem Gott gerufen und angesprochen fühlen. Nach ihrem Schöpfer fragend und nach dessen Willen suchend lebten sie in ihrer Zeit, ja sogar in ihren ganz verschiedenen Zeiten. Die Beduinen lebten in ihren Großfamilien und Stämmen. Sie kannten noch keinen Staat. Was Recht und Unrecht ist, wusste der Stammesvater einzuschätzen - und man hörte auf ihn. In der Zeit vor den Königen waren es die Richter, die Recht sprachen. Später regierten Könige in Israel. Es gab Priester, die das Heilige verwaltet haben und Propheten, auf deren Rat zu hören in der Regel nicht verkehrt war. Über viele Jahrhunderte hinweg lebten Menschen in ihren verschiedenen Zeiten. Manche durften dabei in Frieden leben, andere mussten Kriege bestehen oder überlebten sie nicht. Einen wahrlich weiten Blick eröffnen uns die biblischen Geschichten. Sie

erzählen in einer fast unüberschaubaren Fülle von Menschen, die in ihrem Leben zu Hause gewesen sind und dabei auch nach Sinn und Gott gefragt haben.

Nicht umsonst sollen es gerade sieben Geschichten aus der vielfältigen Lebenswelt des gesamten Alten Testamentes sein, die ich aufs Neue wieder erzählen will. Wann immer wir der Zahl 7 begegnen, könnte sich dahinter etwas sehr Geheimnisvolles und in gewisser Weise auch Unerklärbares verbergen. Wer Märchen kennt, weiß auch um dieses Phänomen. Wann immer wir also beim Erzählen der biblischen Geschichten auf die Zahl 7 stoßen, dürfen wir uns an die Gegenwart des heiligen Gottes erinnern lassen.

Erzähler biblischer Geschichten - die einst Ersten wie die Vielen, die sie bis heute weitererzählt haben - müssen dabei immer ehrlich sein und bleiben. Denn sie erzählen von Menschen und deren Glauben; manchmal Gott dankend, oft auch klagend, manchmal lobend, hin und wieder auch verzweifelt. Ja, wer von Menschen erzählt, und dabei im Leben zu Hause und mit beiden Füßen auf der Erde bleibt, der weiß von Schicksal und Brüchen, von Schuld und Versagen zu erzählen, in denen das ersehnte Happy End oft ausbleibt. So vieles hätte zwischen Menschen noch gesagt werden sollen - nicht selten aber war es doch zu spät dafür. Biblische Geschichten sind ehrliche Geschichten - von Schuld und Versagen und dies nicht immer mit Vergeben und Verzeihen.
Was immer aber in dieser Welt bruchstückhaft blieb - in Gottes Ewigkeit wird es Vollendung finden. Im Licht dieser Hoffnung darf jede Lebensgeschichte erzählt und auch verstanden werden.

Geschichten der Menschheit

1. MOSE 4

Wenn Kain zu erzählen und Abel zu schweigen beginnt …

Ich möchte euch eine Geschichte von zwei Brüdern erzählen. Es könnten auch zwei Schwestern sein. Oder ein Bruder mit seiner Schwester. Ganz egal. Hier sind es zwei Brüder.

In der Regel gibt es ja doch bei uns Menschen die einen oder anderen Unterschiede zwischen Jungen und Mädchen oder auch zwischen Frauen und Männern. Aber hier in dieser Geschichte spielen diese überhaupt keine Rolle. Und wenn wir beim Lesen und Hören der biblischen Geschichten bisweilen nur von Vätern und Brüdern erfahren, dann sei getrost daran erinnert, dass die Mütter und Schwestern beim gegenwärtigen Erzählen dieser alten Geschichten diesen in nichts nachstehen. Es könnten wirklich auch zwei Schwestern sein.

Die zwei Brüder dieser alten Geschichte der Menschheit gingen ihren alltäglichen Aufgaben nach. „Der eine war ein Schäfer, der andere war ein Ackermann."

Ein Hirte also war der eine. Er hatte seine Herden im Blick zu behalten und diese zu versorgen. Weideplätze, die genügend Nahrung für seine Tiere boten, mussten jeden Tag aufs Neue gefunden werden. Und auch Gefahr drohte hin und wieder und dann galt es, diese abzuwehren. Wenn der Wolf kommt, muss die Herde geschützt werden. Denn des Hirten Herden sind sein Leben.
Der andere war ein Bauer. Er brauchte nicht wie sein Bruder mal hin und mal her zu reisen. Er blieb stets am selben Ort. Sein Leben waren sein Hof und seine Felder. Gefahr drohte auch hier hin und wieder, wenngleich die Tiere, die das Grüne seiner Felder des Nachts gerne fraßen, nicht so gefährlich wirkten. Aber die Frucht des Landes musste auch vor diesen geschützt werden.

Ja, wir Menschen leben auf unterschiedliche Weise. Der Eine war, so würden wir heute sagen, ein Berufspendler. Der Andere hingegen kam aus seinem Hof nur schwer hinaus, hat Dorf und Stadt fast nie verlassen.
Die Einen leben mobil. So wie unser Schäfer aus der Geschichte. Seine Arbeit gebot ihm, in welcher Gegend er sich für geraume und doch überschaubare Zeit niederlassen konnte. Übrigens: Abel ist sein Name.
Wie sehr wünschte sich Abel an manchem Abend beim Blick in den Nachthimmel, irgendwo einmal richtig zu Hause zu sein. Nicht immer wollte er der Arbeit hinterher ziehen müssen. Er wünschte sich einen Ort zum Bleiben, einen bleibenden zum Ausruhen, ja um zu Hause zu sein. Überall und nirgendwo ist er zu Hause. Es fällt ihm gar schwer, von Heimat zu reden. Wenn er doch wie sein Bruder nicht immer wieder losziehen müsste. Aber allzu lange

konnte er nicht darüber nachdenken. Schließlich brauchte er seinen Schlaf und seine Tiere brauchten neues Futter, und so musste er am nächsten Morgen weiterziehen. Ja, die Einen leben mobil.
Die Anderen leben immobil. So wie unser Ackermann aus der Geschichte. Seine Arbeit gebot ihm, am Ort zu bleiben. Übrigens: Kain ist sein Name.
Ja, wie sehr wünschte sich Kain an manchem Morgen, einfach mal aufzubrechen, raus aus der Enge seines Hofes, hinaus in die weite Welt. Die Sehnsucht in ihm war groß, die Sehnsucht nach neuen Gesichtern und nach neuen Wegen, nach neuen Orten und manchmal auch nach neuen Gedanken. Voller Sehnsucht schaute er seinem Bruder bisweilen nach. Dieser kennt die Welt und hat sie gesehen. Und wenn nicht so viel Arbeit vor den Füßen läge, hätte er wohl noch den halben Vormittag darüber nachgedacht. Aber das Wasser aus dem Brunnen floss nicht von allein heraus.

Kain und Abel gingen also ihren alltäglichen Aufgaben nach. Und hin und wieder besuchten sie sich, zum Beispiel zum Geburtstag ihrer Kinder. Und während Cousin und Cousinen miteinander spielten, erzählten sie sich voneinander.
Abel hatte viel zu erzählen. Er war Gott sehr dankbar, denn seine Herden sind groß geworden. Das Futter war gut und das Fett seiner Tiere konnte sich sehen und riechen lassen. Viele kauften bei Abel ein, um es sich schließlich sogar schmecken zu lassen. Gern erzählte er von seinen Herden. Es waren so viele geworden, dass er sie selbst nicht mehr überblicken konnte. Er brauchte Knechte, die ihm dabei halfen. Und so hatte Abel viel zu erzählen.

Kain hörte auf die Geschichten seines Bruders. Er selbst hatte nicht so viel zu erzählen. Na ja, eigentlich schon, aber er wollte es nicht erzählen. Auch er war Gott sehr dankbar. Zum Beispiel dafür, dass er einen Brunnen hat. Andere haben schließlich nicht mal einen. Und doch - an Wasser fehlte es ihm dennoch nicht selten. Natürlich, auch Kain dankte am Abend nach der Arbeit vor dem Schlafengehen seinem Gott. Er dankte für den Tag und die Kraft, die er erhielt. Er dankte für die Nahrung, sogar vor jedem Essen. Aber die Leute kauften nicht bei ihm. Auch er hätte viel zu erzählen, aber er behielt seine Sorgen lieber für sich.

„Und Gott sah gnädig an Abel und sein Opfer, aber Kain und sein Opfer sah er nicht gnädig an." Welch große Lebensgeschichten stehen hinter diesen kurzen Worten der biblischen Geschichte. Und der Mensch fragt sich nun: Weshalb geht dem Einen alles leicht von der Hand und der Andere müht und plagt sich fast vergeblich? Weshalb eigentlich ist der Eine kern gesund und der Andere hat hart zu kämpfen? Weshalb nur wird der Eine hundert Jahre alt und der Andere muss so früh gehen? Das verstehe wer will. Kain jedenfalls hat es nicht verstanden. Und weil er gerade Gott dabei so schwer verstehen konnte, fiel es ihm nicht leicht, im Gebet und seinem Glauben festzuhalten.

Vielleicht aber wäre es für ihn einfacher gewesen, wenn da nicht die Geburtstagsfeiern seiner Kinder und Neffen und Nichten gewesen wären. Kain kann sich wohl an keine Familienfeier erinnern, an der nicht sein Bruder Abel mit viel Stolz vom Werk seiner Hände Arbeit und mit viel Dank den Glanz seines gesegneten Lebens zum Besten gegeben hätte. Um der Kinder wegen ging Kain freilich auf jedes

dieser Familienfeste. Aber das Prahlen seines Bruders war doch schwer zu ertragen. Und selbst wenn er es gewollt hätte, mitreden mit seinem Bruder hätte er ja doch nicht können.
Und vielleicht wäre es für ihn ja wirklich einfacher gewesen, im Gebet und in seinem Glauben festzuhalten, wenn Kain nicht so geredet hätte. Kain erzählte oft davon, wie dankbar er all die vielen guten Dinge seines Lebens aus Gottes segensreicher Hand annehmen kann. Wie er betet und ihm wird gegeben. Auch Kain betete. Merkwürdig war es schon: Kains Zweifel wurden immer dann gerade größer, je mehr Abel von seinem Glauben sprach.

Der Eine kann auf sein segensreiches Leben blicken. Der Andere dagegen hat einen Feind. Kain kann dankbar Gottes Gabe loben. Abel dagegen hat mit sich selbst zu kämpfen. Ja, der Neid frisst ihn bald auf. In sich zulassen will er diese Gefühle nicht, hat er doch genügend Nahrung und auch Wohnung. Doch dann sieht er innerlich wieder seinen Bruder vor sich, der viel früher Feierabend hat, weil dessen Knechte die schwere Arbeit übernehmen. Auch Kain hat genügend Nahrung und auch Wohnung, aber eigene Knechte hat er eben nicht. Dafür diesen neuen Feind in sich, der Neid frisst ihn bald auf, und gegen diesen anzugehen, ist ein schweres Geschäft. Als ob seine alltägliche Arbeit nicht schon schwer genug sei.

Bin ich mehr Kain? Bist du mehr Abel? Wie viel von beiden wohnt in der Tiefe eines jeden Menschen? „Da ergrimmte Kain und senkte finster seinen Blick". Welch schwere Lebenserfahrung steht hinter diesen kurzen Worten der biblischen Geschichte. Er war am Ende -

und er senkte finster seinen Blick. Kein „Kopf hoch!“ half ihm mehr - und er senkte finster seinen Blick. Kein Gebet gab ihm nun Kraft - und er senkte finster seinen Blick.

Vielleicht hätte Kain doch auf einer dieser Familienfeiern mal reden sollen, mal stöhnen sollen, mal ausrasten sollen, sein Herz ausschütten sollen. Vielleicht erzählte Abel ja nur deshalb so viel, weil Kain nie etwas sagte. Aber er sagte ja nie etwas, weil sein Bruder immer nur von sich und seinen fetten Herden erzählte. Vielleicht hätte der eine das Schweigen des anderen mal hören sollen. Vielleicht hätte der andere das Reden des einen mal unterbrechen sollen. Und nun: Zu spät! Aus und vorbei! Nichts geht mehr!

Schweigend und den Kopf gesenkt, den Mut verloren und das Beten aufgegeben, fasste Kain seinen schrecklichen Entschluss. Sein Bruder sollte nicht mehr so weiterleben wie bisher. „Und Kain erhob sich wider seinen Bruder Abel und schlug ihn tot.“ Eine schreckliche Geschichte, die sich niemals wiederholen sollte. Kain hat etwas getan, das niemals geschehen dürfte.

Es macht wohl Mühe, die Geschichte an dieser Stelle nicht zu verlassen. Mord und Totschlag, und dann soll´s einfach weitergehen? Vielleicht hilft ein Jesuswort an dieser Stelle, diese Geschichte weiter zu erzählen, denn in seiner Bergpredigt gibt Jesus dem Wort „töten“ einen weiteren und größeren Raum. „Wer nur mit seinem Bruder zürnt, der tötet schon.“ Das macht das Geschehene bei Kain nicht besser. Zudem aber stellt es anderes in eben dieses Licht. Das Jesuswort gibt der alten Geschichte eine neue Richtung und stellt bei weitem mehr in dieses Licht. Wer also zürnt oder mobbt, wer intrigiert, betrügt und lügt, besticht oder erpresst … der tötet schon?

Und Gott? Während Menschen in ihren Gedanken abschweiten können, denkt Gott schon weiter. Ja, auch diese Geschichte von Kain und seiner Schuld hat etwas Hoffnungsvolles in sich. Gott denkt weiter und hat seine Menschen auch weiterhin im Blick. Und würden wir diese alte Geschichte der Menschheit nun weitererzählen, dann fände bald eine Hochzeit statt, Kains Hochzeit. Ja, eigentlich stehen die großen Familienfeste erst noch an. Bleibt zu hoffen, dass sie ohne Angeberei und Prahlerei gefeiert werden, damit kein neuer Neid entsteht.

Ja, das Hoffnungsvolle der biblischen Geschichten ist, dass sie ihrem Wesen nach eben doch keine aus nur vergangener Zeit sind. Und wenngleich die großen Familienfeste im Erzählkreis der biblischen Geschichten noch ausstehen, so feiern doch Kain und Abel stets neu ihre Geburtstage und Taufen, Firmungen und Konfirmationen, Hochzeiten und vieles mehr.
Gott sei Dank geht da noch was. Abels große Reden und Angeberei lassen sich doch unterbrechen. Und Kains großes Schweigen lässt sich vielleicht doch erkennen. Was könnte so nicht alles verhindert werden?
Wo immer heute Kain zu erzählen und Abel zu Schweigen beginnt, sollte da Gott nicht in ihrer Nähe zu finden sein?

Geschichten aus der Beduinenzeit

1. MOSE 25 - 27

Wenn Jakob und Esau ihren Gedanken endlich Worte geben …

Ich möchte euch von einer ganz gewöhnlichen Familie erzählen. Und wenn ich es mir recht überlege, dann ist sie zudem eine ganz besondere Familie. Und je mehr ich es mir überlege, umso mehr glaube ich, ist sie deswegen eine besondere Familie, weil sie so eine gewöhnliche ist. Und sie ist eine gewöhnliche Familie, weil sie eine besondere ist.
Jede Familie ist eine besondere Familie und damit es eine solche geben kann, braucht es nur zwei Menschen. Natürlich gibt es auch größere Familien. Aber nur zwei Menschen reichen aus, um die Geschichte einer Familie erzählen zu können.

Zum Leben der Menschheit gehören Familiengeschichten. Gäbe es keine Familien, gäbe es keine Menschen. Und so kann es nur das Normalste auf der Welt sein, dass auch biblische Geschichten zugleich Familiengeschichten sind. Sie können uns zum Beispiel in die Welt der Beduinen hineinführen.

Abraham zog durch die Wüste und suchte neues Land. Nicht dass sein Weg schon das Ziel war. Das Land Kanaan sollte am Ende des langen Weges liegen. Aber dieser Weg war so weit und ihn zu gehen dauerte so lang, dass er ein Teil des Lebens Abrahams wurde. Und Isaak und Jakob, Josef und die, deren Namen uns nicht allzu sehr bekannt sind, auch sie sind Menschen der Geschichten aus der Welt der Beduinen.
Und wann immer wir uns von Abraham erzählen, von Josef und von Isaak, von Jakob und von Ismael, sollte es nie den Anschein erwecken, als ginge es nur um diese allein. Sarah und Rebekka, Hagar oder Rahel, Lea und die, deren Namen uns nicht allzu sehr bekannt sind, können uns nicht weniger berichten. Verwandt und verschwägert waren sie, befreundet und zerstritten, sie heirateten oder lebten ledig, wurden schwanger oder blieben kinderlos.
Das Leben schreibt viele Geschichten und in ihm ist auch diese Familie zu Hause. Ihr zu Hause liebten und pflegten sie. Als Beduinen waren Zelte ihre Wohnung. Zelte für die Menschen gab es ebenso wie Zelte für die Tiere. Ohne ihre Tiere hätten sie nicht leben können. Und so gaben sie auch ihren Tieren ein gutes zu Hause. Auch diese brauchten ihre Unterkunft. Sie sollten schließlich des Nachts nicht frieren und des Tages von der Sonne nicht gestochen werden.

Übrigens: Wann immer wir als Großväter oder Patentanten, als Mütter oder Onkel, als gute Bekannte oder als Freunde unseren Kindern Geschichten aus dem eigenen Leben erzählen, können wir daran erinnert sein, dass gerade auch Abraham und Sarah, Isaak und Rebekka und die, die wir nicht mehr so gut kennen, dieses uns gelehrt haben. Hätten damals diese Alten den Kindern nicht ihre Geschichten aus dem Leben erzählt - nicht auszudenken, hätten sie es nicht getan.

In unserer gewöhnlichen Familie sind es vier Menschen, die ihre ganz besondere Geschichte schreiben. Rebekka und Isaak sind dankbar für ihre beiden Söhne. Und wenn man ein wenig genauer hinschaut, dann sind sie Gott sogar von Herzen dankbar, dass es Esau und Jakob nun endlich gibt. Lange hatten sie vergeblich auf ihre Kinder warten müssen. Lange hatten sie gehofft und gebetet, gebangt und sich gesorgt. Umso größer war schließlich die Freude über die Geburt ihrer Zwillinge.

Unbarmherzig kann bisweilen eine kinderreiche Gesellschaft sein. Freilich nicht nur diese. Kinderarme Zeiten sind es wohl auf ihre Weise ebenso. Rebekka zumindest musste sich viel Hohn und viel Spott anhören, denn über viele Jahre blieb sie kinderlos. Und das war nicht normal in ihrer Zeit. Irgendetwas stimmt da nicht!
Ob Gott sie damit straften wollte? Was mag der Grund dafür gewesen sein? Welchen Reichtum an Schuld müssen wohl Isaak und Rebekka auf sich geladen haben, dass Gott ihnen das Ersehnte und Normale so verwehrt? Aller menschlichen Logik nach hat Gott sie strafen müssen. Rebekka und Isaak hätten längst schon Kinder in ihrer Mitte. Ich möchte schon gerne wissen, was dahinter steht.
Der Glaube der Menschen stellt sich schon hin und wieder die eine oder andere merkwürdige Frage. Der Mensch in seinem Glauben weiß bisweilen ziemlich schnell um Gottes Gedanken und dessen Wege. Erschreckend schnell weiß so mancher in seinem Glauben,

wie Gott straft und was Gott tut, zu wem Gott spricht und was er sagt. Nur gut, dass Gott da anders denkt und sich nach unserer menschlichen Logik wohl nur selten richtet.
Viel Hohn und viel Spott mussten Rebekka und Isaak über sich ergehen lassen und beide bekamen es auf jeweils ihre Weise zu spüren. Fast kein Abend, an dem nicht am Stammtisch über Isaak so mancher böser Witz gerissen wurde. Fast kein Friseurbesuch, zu dem nicht Rebekka und ihre Kinderlosigkeit ein Thema gewesen sind.

Welch große Freude also, als Esau und Jakob endlich geboren waren. Eine richtige Familie waren sie nun. Aber was ist eigentlich eine richtige Familie?! ...
Wie auch immer, Jakob und Esau sind dankbar für ihre besondere Familie, zu der sie gehören können. An vielen Abenden in ihren Nachtgebeten danken sie Gott dafür von ganzem Herzen. Sie wissen es zu schätzen, in einer gewöhnlichen Familie leben zu dürfen.
Ebenso wissen sie, was sie an ihrem Vater haben. Schließlich begegnen wir in Isaak einem ehrlichen Menschen. Fromm war er und zuverlässig, freundlich und bescheiden, auch streng und wenn nötig im rechten Maß ehrfurchterweckend. Ja, die Zwillinge wissen, was sie an ihrem Vater haben. Und auch an dieser Stelle sei Rebekka nicht vergessen. Ebenso wissen sie, was sie an ihrer Mutter vermissen würden, hätten diese sie nicht mehr. Rebekka hat ihre Familie ebenso im Blick wie auch im Griff.
„Und als nun die Knaben groß wurden, wurde Esau ein Jäger und streifte auf dem Felde umher, Jakob aber ein gesitteter Mann und

blieb bei den Zelten.“ Kein Kind wie das andere. Eine ganz normale Familie also. Der eine nachdenklich und bedacht, fürsorglich und verständnisvoll, bei den Zelten bleibend und der Mutter helfend. Der andere packt an und hilft dem Vater, er geht ohne allzu viel nachzudenken sofort an sein Werk. Die Arbeit liegt ihm schließlich vor den Füßen und was Esau anfasst, das gelingt ihm auch.

Als Vater war Isaak natürlich von den Qualitäten seines Älteren begeistert. Esau war zwar nur wenige Momente älter als sein Bruder Jakob. Aber so wie knapp daneben eben auch vorbei ist, so war nun einmal Esau der Erstgeborene. Als ein starker Mann kann er sich nun sehen lassen, und dass Isaak selbst in diesen Jahren alt geworden ist, das mag er noch gar nicht richtig wahr haben. Leider erinnern ihn seine schwächer gewordenen Glieder bisweilen daran.
Und Rebekka? Sie war natürlich begeistert von den Qualitäten ihres Sohnes Jakob. Ein fürsorglicher Mensch ist er geworden, und dass auch sie in all den vielen Jahren nicht jünger geworden ist, das wird ihr immer dann bewusst, wenn sie sich die Gebrechlichkeit ihres Mannes vor Augen hält.
Eine Frage jedoch geht den Beiden in ihren stillen Momenten nur schwer aus dem Kopf: „Haben wir wirklich bei unseren Kindern alles richtig gemacht?“

Da mag es fast ein wenig seltsam klingen, dass auch in dieser Familie nicht alles Gold ist, was nach außen so kräftig glänzt. Irgendetwas muss schief gelaufen sein. Irgendetwas schwelt da noch. Irgendetwas steht noch aus. Esau zumindest wundert sich, dass er immer schwerer mit seinem Bruder ins Gespräch kommt.

Aber auch Jakob spürt, dass es nicht leicht ist, an seinen Bruder heranzukommen. Und so unbeschwert wie früher miteinander reden, das können sie schon lange nicht mehr.

Da wachsen Geschwister miteinander auf und streiten sich und lieben sich. Sie streiten sich, weil sie sich lieben. Sie lieben sich, indem sie streiten. Was könnten sich Jakob und Esau nicht alles erzählen? Was haben sie nicht alles schon erlebt? Jakob erinnert sich gern an seine Kindheit mit seinem Bruder Esau. Auch Esau erinnert sich oft an seine Erlebnisse mit seinem Bruder Jakob. Sie könnten stundenlang am Abend am Lagerfeuer sitzen und hätten sich so viel zu erzählen. Aber sie tun es nicht. Sie können´s nicht. Wieso nur können sie nicht mehr frei und unbeschwert miteinander reden?

In Gedanken schon. Ja, in seinen Gedanken unterhält sich Esau oft mit seinem „Kleinen". In seinen Gedanken ist er frei. Und auch Jakob spricht in seinen Träumen nicht selten mit dem „Großen". In Träumen lässt sich manches erzählen.
Irgendwie haben sie sich auseinander gelebt. Oder vielleicht sollte man besser auch nur sagen, dass sie nebeneinander in ihrem Leben zu Hause sind. Nun gut, als Brüder sind sie kein Ehepaar. Aber ein Paar sind sie doch, und dies Geschwisterpaar sogar ein Zwillingspaar.
In Gedanken geht so manches, was zu tun so schwer ist. Schweigend hat es Jakob oft schon ausgesprochen: „Weshalb nur, Vater, achtest du Esau mehr als mich?" In Gedanken geht so manches, was zu tun so schwer ist. Auch Esau hat sich schweigend

dieser Frage oft gestellt: „Weshalb nur, Mutter, liebst du Jakob mehr als mich?“

In seinen Träumen hat Jakob oft seinen Bruder auf der Jagd begleitet. Der Vater lobte Esau am Abend nach des Tages Werk. Er hatte schließlich auch allen Grund dazu. Ja, in Gedanken ist Jakob oft mit seinem Bruder zur Jagd gegangen. Und es machte ihm auch gar nichts aus, dass sein Steinbock, den er dabei erlegte, etwas kleiner als Esaus Bock gewesen ist. Jakob liebte diese Gedanken. Träume sind wertvoll. In seinen Träumen ist Jakob oft mit seinem Bruder hinausgezogen.
Esau war kein Mensch allzu langer Gedanken. Er freute sich einfach nur auf sein Abendessen. So manchen langen und schweren Tag hat er vor allem auch deshalb überstanden, weil zu Hause der Feierabend auf ihn wartete. Für sein Linsengemüse hätte er sonst etwas gegeben. Und weil sich Geschwister gut kennen, wusste dies auch sein Bruder.
Jeden Tag aufs Neue geniest Esau ohne viel nötige Worte zu verlieren sein Linsengericht. Und dabei entstehen sie dann, die Gedanken, man kann es ihnen nicht verbieten. Wie oft schon träumte er beim Essen davon, auch einmal mit Jakob zusammen den Tag zu Hause verbringen zu können, bei den Tieren im Hof und in der Nähe seiner Mutter.

„Esau war ein Jäger und streifte auf dem Felde umher, Jakob aber ein gesitteter Mann und blieb bei den Zelten.“ Welch langer Jahre Arbeit und Mühe steht hinter diesen kurzen Worten der biblischen Geschichte. Aber diese Jahre brachten es mit sich, dass sie immer

weniger miteinander sprachen. Über ihren Unmut sprachen sie gleich gar nicht. Kein Wort über den Ärger, dass Isaak den Älteren bevorzugt. Kein Wort über die Wut, dass die Mutter ihren Jakob doch viel mehr im Blick hatte.
Und nun? Isaak war alt geworden. Die Beine gaben ihm nur noch schwer seinen Halt, das Augenlicht erlosch, auf Hilfe war er angewiesen.

Über viele Jahre sind Eltern für ihre Kinder da und hegen sie und pflegen sie. Aber irgendwann kommen die Jahre, in der die Eltern manche Pflege brauchen. Kinder haben in der Regel kein schlechtes Gewissen, wenn ihre Eltern sie versorgen. Eltern in der Regel schon, wenn plötzlich alles anders wird. Ist es also vielleicht doch zu viel verlangt, wenn sich Mühen und Versorgen nun wenden?
Diese gewöhnliche und somit auch besondere Familie von Isaak und Rebekka und ihren beiden Söhnen kann uns erzählen, dass der eine Sohn ganz in der Nähe der Eltern wohnt, denn Jakob blieb bei den Zelten, und der andere Sohn aufgrund seiner Arbeit nicht so oft in deren Nähe sein kann, denn Esau streifte auf dem Felde umher. Sollte also in dieser Geschichte der Eindruck entstehen, dass ganz automatisch derjenige für die Pflege verantwortlich sein sollte, der in der Nähe der Eltern wohnt?
Jakob und Esau hätten über diese Frage nun reden können. Und vermutlich hätten die Beiden gut über diese Fragen gesprochen und ebenso eine gute Lösung für die Pflege ihres Vaters gefunden. Aber nun war es zu spät. Nichts geht da mehr. Über die Jahre hinweg hatten sie es verlernt, offen und ehrlich, vernünftig und gelassen

über ihre Wünsche und Träume, ihre Gedanken und Sorgen, ihre Erwartungen und ihre Probleme sich miteinander in guter Weise auszutauschen. Und nicht nur, dass in dieser gewöhnlichen Familiengeschichte die beiden Brüder in Misstrauen und in Lüge, in Schweigen und in Starrsinn verfallen waren. Auch hier standen ihnen ihre Eltern in nichts nach. Ja, sie alle hatten eben doch nicht nur ihre guten Seiten.

Für sein Linsengericht hätte Esau sonst etwas gegeben. Nun war Isaak alt geworden und blind zudem und kam zum liegen. Wenn Kinder ihre Eltern pflegen, gibt es vieles zu bedenken. Was ist des Einen Teil und was des Anderen? Sollte man darüber nicht in guter Weise reden können?
Reden konnte hier niemand mehr. Zumindest nicht mit offenem Visier. Sollte Jakob also versuchen, sich von seinem Teil der Verantwortung einfach freizukaufen? Etwa nur um den Preis eines Linsengerichtes? Ein mieses Geschäft. Und am Ende hat´s doch jeder durchschaut. Aber all dieses Lügen und Betrügen zu ertragen schien an dieser Stelle fast erträglicher als mit offenen Karten zu spielen.
Vernünftig reden kann man hier mit niemand mehr, zumindest nicht im Moment, und so hat sich Jakob aus dem Staub gemacht. Und hätte er dies nicht getan, wäre die Lage wohl eskaliert. Der immer zu Hause Gebliebene war nun weg, gerade jetzt da sein Vater alt geworden war und Hilfe brauchte. Und das Erbe nahm er mit.
Esau aß auch weiterhin sein Linsengemüse und versuchte, nicht allzu sehr darüber nachzudenken. Er war kein Mensch großer Gedanken, wenngleich man diesen ihr Kommen nicht verbieten

kann. Aber am Pflegebett seines Vaters lag ihm die Arbeit vor den Füßen - und sein eigentlicher Beruf war fast ein Kinderspiel dagegen.

Ich würde euch gerne heute schon von der Versöhnung der beiden Brüder erzählen. Aber das kann auch später eine neue Geschichte sein. Schade nur, dass es bis dahin eine ganze Weile gedauert hat. Die Eltern zumindest haben die Versöhnung ihrer beiden Kinder nicht mehr erlebt.

Das Hoffnungsvolle aber der biblischen Geschichten ist, dass sie ihrem Wesen nach eben doch keine aus nur vergangener Zeit sind. Und wenngleich der Jüngere seinen älteren Bruder in der Tat aufs Übelste betrogen hat, so stehen doch Jakob und Esau stets neu vor der Möglichkeit, von Beginn an mit offenem Visier über Erbschaftsfragen und Pflegezeiten, ihr Sorgen im Beruf und über vieles mehr zu reden - oder sie fangen am besten damit an, sich einfach ihre alten Geschichten aus der Kindheit zu erzählen.
Gott sei Dank geht da noch was. Gedanken lassen sich doch aussprechen.
Wo immer heute Jakob und Esau ihren Gedanken endlich Worte geben und sie zu reden beginnen - sollte da Gott nicht in ihrer Nähe zu finden sein?

Geschichten aus der Vorkönigszeit

Rut 1

Wenn Rut und Noomi in ihrer größten Not zusammen halten …

Ich möchte euch eine Geschichte erzählen, die in Bethlehem ihren Ausgang genommen hat. So manche Geschichte hat in Bethlehem ihren Ausgang genommen. Einige davon sind bekannt. Eine davon ist sogar sehr bekannt. Und wieder andere Geschichten, die ebenso in Bethlehem in Judäa ihren Ursprung haben, sind leider in Vergessenheit geraten. Schade eigentlich, denn für die Menschen, deren Geschichte man vergaß oder auf deren Geschichte fast niemand hörte, ist diese genauso wertvoll und ebenso lebensfüllend wie für diejenigen, von denen heute noch erzählt wird.

Wann immer wir uns also bekannte Geschichten weitererzählen, ob aus Bethlehem oder anderswo her, sollten wir nie dabei außer Acht lassen, dass dies nur ein winzig kleiner Teil ist von den vielen Geschichten derer, die in ihrem Leben zu Hause gewesen sind.
Auch den unbekannten Geschichten dieser Welt sei gesagt, dass sie nicht weniger bedeutsam sind als die bekannten, von denen heute noch erzählt wird. Umso mehr sei allen unbekannten

Menschen dieser Welt gesagt, dass auch sie keinesfalls weniger wertvoll sind als die bekannten, von denen viel gehört wird.

Und wenngleich kein Leben wie das andere ist, kein Mensch wie der andere, kein Tag wie der andere, so ist doch allem eines gemeinsam: Gewesenes ist vorbei und kann niemals zurückgeholt werden.
Das Vergangene ist vorüber und liegt nun vor uns wie ein offenes Buch in das wir schauen können. Wir kennen seine Seiten, die schönen wie die schweren. Wir können sie studieren, aus ihnen lernen. Aber was vorbei ist, ist vorbei.
Das Künftige dagegen ist noch ein Geheimnis. Es liegt vielleicht neben uns, rechts oder links, oder gar auch hinter uns. Die Zukunft liegt irgendwo um uns herum und wir wissen noch nicht, wohin wir gehen werden, um ihr zu begegnen. Sie ist wie ein noch geschlossenes Buch, das sich vielleicht am ehesten zunächst hinter unserem Rücken öffnet. Und das Schicksal wird zeigen, was es später einmal davon zu erzählen gibt.

Ja, zum Leben der Menschheit gehören Schicksalsgeschichten. Zum Leben der Menschen gehören Situationen, die nicht planbar, nicht abschätzbar sind; Situationen, die genommen sein wollen wie sie kommen. Das Leben der Menschen ist vom Schicksal geprägt. Und so kann es nur das Normalste auf der Welt sein, dass auch biblische Geschichten von diesem gelenkt werden.
Übrigens: Die Gelehrten streiten sich, welche Macht und welche Größe, ob Gedanken oder auch Beschlüsse sich hinter dem verbergen, was sich als Schicksal offenbaren wird. Man mag es

nennen wie man will - zum Leben der Menschen gehören Situationen, die nicht planbar sind, die über einen hereinbrechen ohne dreimal zuvor anzuklopfen und die das Leben schneller verändern, als man es sich je hätte vorstellen können.

Diese Geschichte nun, die in Bethlehem ihren Ausgang genommen hat, ist auch von dieser Macht und Größe, von diesen Gedanken und Beschlüssen geprägt. Das Schicksal hat diese Menschen geprägt und so mussten sie stets mit der Unsicherheit leben, was der nächste Tag und die kommende Zeit mit sich bringen werden. Es gab so vieles, das sie gerne anders gesehen hätten, so vieles, das sie nicht selbst in der Hand hatten, aber das Schicksal spielte eben mit in ihrem Leben und es lässt sich dabei so schwer in die Karten schauen.
Was diese Menschen aus Bethlehem aber selbst dabei tun konnten, das taten sie. Sie reagierten auf das, was unerwartet geschah. Manchmal mussten sie dabei Gewohntes über Bord werfen. Andermal mussten sie Abgesprochenes wieder anders planen. Manches galt es, alles neu zu durchdenken. Und manche Wege wollten gar nochmals gegangen werden. Aber was sie tun konnten, das taten sie, sie reagierten auf das Unerwartete ihres Lebens - Nein, dem Schicksal nur ausgeliefert haben sie sich nicht.

„Zu der Zeit als die Richter richteten, entstand eine Hungersnot im Lande“. Nachdem also Abrahams, Isaaks und Jakobs Nachkommen das Land endlich bewohnen konnten, das ihnen zuvor versprochen war, aber noch bevor es in Israel den ersten König gegeben hat, nahm in Bethlehem in Juda diese Geschichte ihren Ausgang.

Würden wir die Jahre zählen, die seither vergangen sind, so würden 3000 nicht ausreichen. Aber nur manche zählen diese Jahre und eigentlich kommt es darauf so sehr auch gar nicht an.

Eine Hungersnot im eigenen Land. Auch die Natur spielt mit im Leben der Menschen und so haben sie ihre Stadt und sogar ihr Land verlassen müssen.
Elimelech und Noomi machen sich als Flüchtlinge auf den Weg. Und ihre beiden Söhne - Machlon und Kiljon - begleiten sie. Wir könnten ebenso sagen, die Eltern gehen mit ihren Söhnen. Diese waren schließlich schon erwachsen. Es mag dahin gestellt sein, wer hier wen begleitete. Wahrscheinlich mussten sie sich sogar gegenseitig und auch abwechselnd aufrichten und stärken, sich neuen Mut zusprechen und trösten, denn nach vielen Jahren in der Heimat mussten sie alles zurücklassen, was ihnen zu Hause so wertvoll und so wichtig geworden ist.
Und wenn wir uns die Geschichte dieser Vier erzählen, so darf daran erinnert sein, dass sie wohl nicht die einzigen gewesen sind, die Haus und Hof verlassen mussten. Viele Menschen aus Bethlehem und Juda mussten dem Hunger fliehen. Ein ganzer Flüchtlingszug unterwegs in ein fremdes Land. Und während Elimelech und Noomi, und auch Machlon und Kiljon nach Osten ziehen und den Jordan überqueren, hoffen sie zugleich auf die gütigen Hände und die weiten Herzen derer im Land der Moabiter. Wenigstens in der Not sollten Nachbarn zusammen halten.

Es gibt Situationen im Leben der Menschen, da gilt es zu Handeln statt zu überlegen. Und wenn es gar um Hunger und Dürre, also um

Leben oder Tod geht, dann erst recht. Gott sei Dank ist nicht jede Alltagssituation zugleich eine Extremsituation. Gott sei Dank gibt es häufiger die kleinen als nur die großen Schicksalsschläge. Aber selbst dann stellt sich die Frage, wie zu reagieren ist.
Viele Alltagssituationen stellen die Menschen vor die Frage, welcher Weg der rechte ist, welche Antwort angemessen wäre, ob eher Reden oder vielmehr Schweigen sich empfiehlt. Der Mensch hat abzuwägen und sich zu entscheiden, er soll hier tun und dort auch lassen, das eine annehmen und das andere lieber hinnehmen. Wer kann ihm dabei sagen, was zu tun nun richtig ist?

Und so fragt sich der Mensch bisweilen, ob er sich zum Beispiel schwierigen Situationen eher stellen oder derer lieber fliehen sollte. Auf den Rat Anderer dabei zu hören, kann bisweilen ebenso nützlich wie auch schwierig sein. Und auf das Reden wieder Anderer zu hören, könnte gar manche Unbarmherzigkeit ans Licht bringen.
In diesen gelten oft diejenigen als stark und mutig, die sich Allem - was auch immer kommen mag - mit entschlossenem Blick in den Weg stellen, wenn nicht sogar noch mehr als das. „Da muss man eben durch!“ lautet das Motto. „Was mich nicht umhaut, macht mich stark!“
Wer jedoch zurückweicht, könnte im Denken und Reden der Menschen schnell als feige und auch schwach abgestempelt werden.
Aber: Muss man wirklich überall durch? Die Frage darf doch mal gestellt sein. Gibt es nicht auch ein „Bis hier her und nicht weiter!“? Ja, vielleicht ist der Hase auch einfach nur klug und seinem Feind sogar auf diese Weise überlegen, wenn er vor den beiden

schwarzen Augen des Jägers einfach nur das Weite sucht und flieht. Der Einen Sache gilt es zu fliehen, der anderen sich zu stellen. Durch das Eine muss man durch. Beim Anderen darf getrost die Flucht als Ausweg gelten. Und erst die Situation wird zeigen, was zu tun ist.

Moment - eine Frage hat der Hase aber noch: „Warum gerade ich? Weshalb muss gerade mir dies geschehen? Wieso ausgerechnet ich und nicht der Andere?“
Der Hase kann sich natürlich seine Rübe darüber zerbrechen, weshalb sich gerade vor ihm nun der Jäger aufbäumen muss. Er könnte es einfach nur Schicksal nennen. Doch das wäre ihm zu einfach. Er könnte es aus der Sicht der Wahrscheinlichkeitstheorie rein wissenschaftlich betrachten. Das jedoch ist ihm zu nüchtern. Er könnte es als Zufall werten oder: Ja, er könnte auch einfach einmal einen alten erfahrenen Hasen dazu befragen. Dessen Lebenserfahrung allein würde wohl schon für die Einsicht ausreichen, dass dies nun mal im Leben so geschehen kann, was ihm da widerfahren ist. Er könnte sich natürlich auch fragen, weshalb Gott dies so zuließ. Er könnte seinen Gott beschimpfen und ihm fluchen. Er könnte sich von seinem Glauben lösen und Gott absagen. Warum gerade ich? Worüber könnte sich der Hase nicht alles den Kopf zerbrechen, taucht gerade vor ihm der Jäger auf.
Aber vielleicht sollte er auch einfach nur mal sehen, dass er möglichst schnell von Tannen kommt.

Und so kamen schließlich Elimelech und Noomi mit ihren beiden Söhnen als Fremdlinge ins Land der Moabiter. Und sie blieben dort.

Ja, sie durften bleiben. Gütige Menschen haben sie mit ihren weiten Herzen aufgenommen. Die Heimat ist weit weg und die Sehnsucht nach ihr ist mitgezogen. Ein schwerer Weg liegt hinter ihnen, und was vor ihnen liegt vermag keiner zu sagen. Aber sie konnten erst einmal wieder in Ruhe etwas essen und trinken. Sie konnten mal wieder durchatmen, mal wieder durchschlafen. Und sie dankten ihrem Gott - für die Kleidung und die Nahrung, für die Ruhe und die Sicherheit, und für die Menschen, die ihnen in ihrer Not beiseite standen. In ihrer schweren Zeit fanden die Vier aus Bethlehem Grund und Zeit zum Danken im Gebet.

„Und Elimelech, Noomis Mann, starb, und sie blieb übrig mit ihren beiden Söhnen." Kurze Worte in der biblischen Geschichte hinter denen eine ganze Lebensgeschichte steht. Elimelech starb im fremden Land. Das Schicksal hat es so gewollt. Und Noomi war Gott dankbar für die Zeit mit ihrem Mann.
„Die beiden Söhne aber nahmen sich moabitische Frauen; die eine hieß Orpa, die andere Rut." Kurze Worte in der biblischen Geschichte hinter denen eine Menge an Lebensgeschichten steht. Die Söhne heiraten im fremden Land. Sie fassen Fuß, selbst wenn es nicht die Heimat ist. Das Schicksal hat es so gewollt. Und Noomi war Gott dankbar für den Weg ihrer beiden Söhne.
„Und als sie ungefähr zehn Jahre dort gewohnt hatten, starben auch die beiden, Machlon und Kiljon, so dass Noomi beide Söhne und ihren Mann überlebte."

Leid lässt sich niemals aufwiegen und vergleichen. Aber wenn Eltern ihre Kinder zu Grabe tragen ist es eben doch eine andere

Situation als wenn Kinder ihre Eltern zu Grabe tragen. Noomi und ihre Geschichte gehen weiter. Noomi geht weiter in ihrem Alltag. Das Leben geht weiter - unbarmherzig und fast nicht zu ertragen, dass hin und wieder alles einfach so weitergeht als wäre nichts gewesen.
Noomi muss weitergehen, was bleibt ihr anderes übrig. Und ihre Geschichte zeigt, dass sie auch weiterhin betet und ihre Tage im Hoffen und Vertrauen auf ihren Gott lebt.

Vom Schicksal wurde sie geprägt und sie musste stets mit der Unsicherheit leben, was der nächste Tag und die kommende Zeit mit sich bringen werden. Es gab so vieles, das sie gerne anders gesehen hätte. Dass ihr Mann die Enkel doch noch hätte erleben können. Aber das Schicksal spielte eben mit in ihrem Leben und es lässt sich dabei so schwer in die Karten schauen. Was sie aber selbst tun konnte, das tat sie. Sie reagierte darauf. Manchmal musste sie um planen, Manches neu durchdenken, manche Wege nochmals gehen. Aber was sie tun konnte, das tat sie - nein, dem Schicksal ausgeliefert hat sie sich nicht.

Aber hätten ihre beiden Schwiegertöchter sie dabei allein gelassen, vielleicht hätte sie es nicht geschafft. Freilich, der Glaube gab ihr Halt. Natürlich, das Beten gab ihr Kraft. Aber sie hatte eben auch Rut und Orpa. Wer weiß, ob sie es trotz ihres Glaubens und Betens allein geschafft hätte.
Dabei hatten diese selbst so viel zu tragen, auch sie waren schließlich Witwen und wussten nicht, was werden soll. Für alle drei hat das Leben einen tiefen Riss erhalten. Es gibt Brüche im Leben,

die fordern ihr Tribut in Form von Zeit. Eine ganze Zeit lang konnten weder Noomi noch Rut noch Orpa irgendeine Entscheidung treffen. Sicher mag ein ganzes Jahr vergangen sein, vielleicht auch zwei, nachdem ihnen überhaupt erst wieder - und zudem ganz vorsichtig - Gedanken an die Zukunft möglich gewesen sind.

Auch das Danken fiel ihnen erst nach einiger Zeit wieder leichter. Noomi dankte ihrem Gott. Sie war dankbar für die Gastfreundschaft der Moabiter, für deren gütige Hände und ihre weiten Herzen. Sie vergisst es nicht, dass diese sie und ihre Familie einst vor Jahren als Fremde aufgenommen hatten.
Und Noomi ist dankbar für die beiden Töchter, die sie nun hat. Und dass es eigentlich ihre Schwiegertöchter sind, das spüren sie nur dann, wenn sie sich gegenseitig ihre Geschichten aus der Kindheit erzählen.
Noomi erzählte den Beiden oft aus ihrer Heimat, aus Juda und aus Bethlehem, von den Hirten und deren Schafen, von den Bauern und deren Feldern - und sie erzählte ihren beiden Schwiegertöchtern hin und wieder auch von ihrem Glauben.
Früher, im Stress der Dürrezeit und im Alltag der Familien hatten sie dazu sehr wenig Gelegenheit. Zu viel anderes stand an, als dass sie Ruhe fanden, auf die Geschichten der Anderen zu hören. Nun begannen sie, sich ihre Geschichten zu erzählen. Des Lebens Geschichten und des Glaubens Geschichten. Ja, nicht nur ihre Kindheitsgeschichten, auch ihre Glaubensgeschichten waren verschiedene. Die beiden Moabiterinnen Rut und Orpa haben ihre erzählt und Noomi staunte hin und wieder, das diese ihrem Wesen nach so anders oft gar nicht gewesen sind.

Ihre Dankbarkeit den Moabitern gegenüber war groß; und doch spürte Noomi, dass sie ihren wahren Frieden wohl erst wieder in der Heimat finden kann. Sollte sie wirklich Moab nach den Jahren wieder verlassen? Sollte sie die Schwiegertöchter etwa in deren Heimat zurücklassen, wo sie doch gerade ihnen so viel zu verdanken hat? Wäre es vielleicht nur eine feige Flucht, der Sehnsucht nach der Heimat einfach nachzugeben?
Entweder: „Da muss man eben durch!“ Oder: „Bis hier her und nicht weiter!“ Noomi muss sich entscheiden. Und sie muss es letztlich mit sich selbst ausmachen. Auf den Rat Anderer dabei zu hören, ist so nützlich wie auch schwierig zu gleich. Und auf das Reden der Nachbarn zu hören...
Noomi muss es letztlich mit sich selbst ausmachen, mit sich allein - und dann mit ihren beiden Schwiegertöchtern.

„Wie man´s letztlich macht, ist es verkehrt!“ - vor solch einer Entscheidung steht Noomi.
Jedoch, hinter dieser alten Weisheit der Menschen verbirgt sich ein großer Segen. Wenn es letztlich egal ist wie man sich entscheidet, weil Beides irgendwie verkehrt ist, dann ist es letztlich auch deswegen egal wie man sich entscheidet, weil Beides auch irgendwie richtig sein kann.
„Wie du´s auch immer machst, Noomi, so ist es richtig!“ Die Gelehrten könnten sich nun wieder streiten, wer Noomi diese Zusage gegeben haben könnte. Das Schicksal selbst oder dessen höhere Gedanken und Beschlüsse? Die Weisheit der Menschen aus dem Schatz ihrer Erfahrungen? Oder auch ihr verstorbener Mann in

Form von Erinnerungen? Vielleicht auch von jedem etwas und die Stimme Gottes hinter alledem?
„Wie du´s auch immer machst, Noomi, so ist es richtig!“ Und in ihrer Frömmigkeit dankte sie einfach ihrem Gott, dass sie diese hoffnungsvolle und verheißungsvolle Zusage in sich verspüren konnte.

Und so zog Noomi los, der Abendsonne entgegen, den Jordan überquerend in ihr verheißenes Land.
Orpa blieb zurück in ihrer Heimat. Für sie war Moab ihr gelobtes Land. Hier war sie zu Hause und hier blieb sie. Der Abschied fiel schwer. Die Jahre bleiben in der Erinnerung. Aber auch wie Orpa sich entscheidet, so ist es richtig.
Rut zog mit. Ihre Heimat verlassend begleitete sie ihre Schwiegermutter. „Wo du hingehst, da will auch ich hingehen! Dein Gott ist auch mein Gott!“. Das sind große Worte: „Dein Gott ist auch mein Gott!“ Lass uns gemeinsam beten! Lass uns gemeinsam glauben! Lass uns gemeinsam hoffen! Lass uns gemeinsam gehen! Die Liebe zum anderen Menschen steht bei Rut an höherer Stelle als die Treue zu ihren eigenen Glaubensgeschichten. Wenn da mal nicht der EINE Gott durchspricht, zudem sie wohl beide schon immer in ihrer unterschiedlichen Weise gebetet haben. Auch wie Rut sich entscheidet, so ist es richtig.

Ihre Geschichten gehen weiter. Rut geht nun in ein für sie fremdes Land. Sie lernt Menschen aufs Neue kennen. Sie heiratet wieder. Aber das ist eigentlich schon wieder eine neue Geschichte und kann ein anderes Mal erzählt werden.

Das Hoffnungsvolle aber der biblischen Geschichten ist, dass sie ihrem Wesen nach eben doch keine aus nur vergangener Zeit sind. Und wenngleich das Schicksal auch weiterhin im Leben der Menschen mitspielen wird und dabei schwierige Entscheidungen in ihrem Alltag anstehen werden, so stehen doch Rut und Orpa, Noomi und viele mehr stets neu vor der Möglichkeit, gemeinsam nach Auswegen in ausweglosen Situationen oder nach neuen Wegen in Sackgassen zu suchen.
Wo immer heute Rut und Noomi in ihrer größten Not zusammenhalten - sollte da Gott nicht in ihrer Nähe zu finden sein?

Königsgeschichten

4. MOSE 22 - 24

Wenn Balak die Möglichkeit erhält, wirklich allen gerecht zu werden ...

Wann immer wir uns Geschichten aus dem alten Israel erzählen - biblische Geschichten von Menschen, die vor uns gelebt und geglaubt haben - werden wir dabei auf Königsgeschichten hören können.
Propheten haben uns etwas zu sagen. Priester verwalten für uns das Heilige. Könige regieren uns. Könige können ein Volk jedoch nur dann regieren, wenn sie denn ein solches haben. Auch kann sich ein Volk nur dann regieren lassen, sofern es denn auch einen König hat.

Die alten Geschichten der Bibel erzählen, dass es in Israel über lange Zeiten keinen König gab. Saul war schließlich deren erster. Und wenngleich mit ihm diese besondere Zeit der Könige in Israel begann, so war auch diese nicht aller Zeiten Anfang oder Ende.
Solange Menschen auf Erden leben, wird es immer Geschichten und Erfahrungen aus früheren Zeiten geben. Und wer immer auch

nach uns in dieser Welt in seinem Leben zu Hause sein wird, sie alle werden es mit ihren Erfahrungen tun und werden Geschichten aus ihrer Vergangenheit erzählen, die heute noch in unserer Zukunft liegt.
So wie jeder Mensch ein besonderer ist, so ist auch jede Zeit eine einzigartige. Nur sollte sich keine Zeit für so wichtig halten, als dass sie meint, allein sie sei das Ein und Alles. Bisweilen hält der Mensch seine eigene Zeit für die fortschrittlichste und zugleich die einzig allein vorstellbare. Und so möchten in der Regel auch nur wenige Menschen in anderen, gar in früheren Zeiten leben. Seltsam nur, dass es oftmals beim nächsten ihrer Atemzüge noch nie so schlimm gewesen ist wie gegenwärtig. Aber diese Einschätzung gab es schon zu allen Zeiten. Hier und da halten Menschen ihre eigene Zeit sogar für die letzte, die es wohl auf Erden geben wird. Dies jedoch war auch schon immer so.

Die Jahrtausende mögen kommen und gehen und in der Tat - so manches ändert sich in ihnen. Nichts bleibt dabei wie es ist! - sagen die Einen. Aber: Ändert sich denn wirklich so viel? - fragen schließlich doch die Anderen.
Der Mensch bleibt letztlich doch derselbe. Nach wie vor leben auf Erden Menschen mit all ihren Freuden wie mit ihren Leiden, mit all ihren Erfolgen wie mit ihren Nöten und Sorgen, mit all den versöhnenden Gedanken wie mit ihren Streitigkeiten, mit allem Hoffen wie mit allem Bangen. Keine Zeit, in der nicht Menschen lachen und weinen, trauern und tanzen, klagen und danken werden. Mag sich auch das eine oder andere im Laufe dieser Zeiten ändern, der Mensch bleibt letztlich doch derselbe.

Es sollte sich nur keine Zeit für so wichtig halten, als dass sie meint, sie hätte das Rad erfunden. Irgendetwas Rundes hat es wohl immer schon zuvor in Gottes wunderbarer Schöpfung geben.
Natürlich braucht sich auch keine Zeit für so unwichtig halten, als dass nicht auch etwas Besonderes aus ihr hervorgegangen wäre.

Lange Zeit gab es in Israel keinen König. Brauchten sie etwa keinen? Oder wollten sie gar ohne einen leben? Hatten sie keinen, der es hätte tun können? Lange Zeit gab es in Israel keinen König und irgendwie ist es den Menschen dennoch gelungen, ohne diesen auszukommen. Aber die Zeiten ändern sich nun mal - zumindest einiges in ihnen.
Bei den Nachbarn im Norden gab es längst einen König. Und so schaute man oft sehnsüchtig hinüber zu den Nachbarn nach Norden. Was der Nachbar alles hat, das will man eben auch so gerne haben. Lange Zeit brauchte man in Israel keinen König. Aber bei den Nachbarn im Süden gab es längst einen. Und was der Nachbar hat, das könnte einem vielleicht auch ganz gut gefallen. Ja, und so schaute man oft sehnsüchtig hinüber zu den Nachbarn im Süden. Lange Zeit wollte man in Israel keinen König. Aber nun gab es anderswo einen. Und so schaute man oft sehnsüchtig hinaus in so manche Himmelsrichtung. Was die Nachbarn da nicht alles haben!

Der Blick zu den Nachbarn ist eines von jenen Dingen, die sich über alle Zeiten hindurch nie geändert haben. Der Mensch sehnt sich nun mal nach dem am meisten, das er gerade nicht besitzt. Wäre dies nicht so, hätte man in Israel auch noch eine Weile ohne einen

Königshof ausgekommen können. Viele Jahre und Jahrzehnte kann der Mensch ganz gut ohne Dieses oder Jenes leben. Aber wenn der Nachbar etwas Neues hat, dann sieht die Sache eben anders aus. Auch Israel wollte seinen König. Und so werden wir - wann immer wir Geschichten aus dem alten Israel erzählen - auch auf Königsgeschichten hören können.

Ich möchte euch die Geschichte eines Königs erzählen. Er lebte in jener Zeit als es in Israel noch keinen König gab. Die Israeliten waren noch auf ihrem Weg in das Land, von dem schon ihre Eltern und Großeltern und deren Eltern und Großeltern erzählt haben. Dort angekommen, werden sie auch bald ihre eigenen Könige haben. Aber nun waren sie noch unterwegs zu ihrem neuen Land. Und genau dies wurde zum Problem des Königs, von dem ich euch erzählen will.
„Balak aber war zu der Zeit König der Moabiter" - so lesen wir es in den Worten der biblischen Geschichte. Wenngleich es also nicht der eigene König war, so wurde doch auch diese Geschichte Israels zu einer Königsgeschichte.

Wieder einmal waren Menschen unterwegs. Herkommend aus Ägypten, durch Meer und Wüste, am Berg entlang und wieder durch die Einöde zogen Menschen über so manchen Umweg schließlich von Osten dem Jordan entgegen. Lange Zeit waren sie dabei unterwegs.
Noch keine Zeit gab es wohl auf dieser Welt, in der nicht auch Menschen unterwegs sein mussten - oder durften. Hin und wieder hatten diese diskutiert, sogar gestritten, ob ihr Unterwegssein eine

Last oder ein Geschenk gewesen ist. Es gibt in allen Zeiten solche und solche Menschen.
Manche dankten ihrem Gott, weil dieser sie aus ihrer bisherigen Situation herausführte, hinein in eine neue Zeit, in der die Freiheit großgeschrieben wurde, wenngleich sie schwer zu buchstabieren war.
Manche aber klagten ihrem Gott, weil dieser sie vom alten Ort weggeführt hat, hinein in eine neue Zeit, in der nun nichts mehr so wie früher ist.
Andere dankten weder noch klagten sie ihrem Gott. Sie kannten keinen Gott und machten alles mit sich selbst oder allein mit anderen Menschen aus. Aber auch von diesen gibt es solche und solche; jene, die ihr Unterwegssein als Befreiung und jene, die es als Last empfunden haben.
Viele Jahre waren diese Menschen unterwegs. In angespannter Erwartung hofften oder bangten sie ihrer Zukunft entgegen. Die Einen mehr hoffend, die Anderen mehr bangend. Angespannt jedoch waren sie alle.

Ein kleiner Weg noch lag vor ihnen. Wohl nur wenige würden in unserer Zeit diese Strecke zu Fuß gehen. Mehrere Tage und Wochen wird es schon noch dauern. Aber aus der Sicht ihres gesamten Weges lag doch nur noch ein kurzes Stück vor ihnen. Man kann eben jede Sache von ihren zwei oder gar noch mehr Seiten sehen. Aber hier ist jeder Mensch anders und es gehört wohl ebenso zu Gottes wunderbarer Schöpfung, dass seine Menschen alles mit ihren eigenen und unterschiedlichen Augen sehen können. Man stelle sich eine Welt vor, in der alle nur den gleichen Blick haben. Aber auch dies kann man hin und wieder von seinen zwei Seiten sehen.

In unserer Königsgeschichte sind wir an dem Punkt, in der alle in die gleiche Richtung blickten. Nach Nordwesten war ihr Blick gewandt und hinter dem Land der Moabiter lag ihr Ziel. Nur noch durch deren zu Hause musste man hindurch.
So manches hatte der Moabiter König Balak schon über dieses fremde Volk gehört; und ausgerechnet durch sein Hoheitsgebiet will dieses nun demnächst hindurch, der Antrag liegt schon auf seinem Tisch. Aus der Nähe hatte er noch keinen dieser Fremden gesehen und mit einem auch nur gesprochen schon gleich gar nicht. Aber doch so manches über sie gehört. Und dies schien ihm genug.

Balak war kein besserer und kein schlechterer König wie so viele andere auch. Balak war auch kein schlechterer und kein besserer Mensch wie so viele andere auch. Freilich hatte auch er mit seinen schwachen Seiten seine dünnen Stellen. Jeder hat seine, und wer glaubt, er hätte keine, dem sei gesagt, dass er allein schon damit um die erste wissen sollte.
Auch Balak war ein Mensch mit Gefühlen. Königen wird bisweilen nachgesagt, sie hätten keine. Auch Könige haben sie; wie sollte es auch anders sein - alle Menschen haben sie. Aber auch Balak muss natürlich nicht allen Menschen zeigen, was er hat. Und nun: Angst und Sorge hatte er, ziemlich unruhig wurde er, als er das fremde Volk auf sich zukommen sieht. Wenn ein wanderndes und zudem armes Volk über eine längere Zeit durch das eigene Land zieht, dann sind Konflikte und Spannungen, Versorgungsfragen und Neid,

Missgunst und Vorurteile so gut wie vorprogrammiert. Der Antrag liegt schon auf dem Tisch.

Aber was immer Balak in seine Hände nimmt, er versucht es ordentlich zu erledigen. Halbe Sachen mag er nicht. Allem und auch Allen sucht er gerecht zu werden. Und indem er dies versucht, tut er sich damit selbst den größten Gefallen; oder auch gerade nicht. Sich selbst - und das bei jeden Fall - will er am meisten gefallen.
Perfekt soll alles sein. Und was Balak von sich selbst verlangt, erwartet er natürlich ebenso von Menschen, mit denen er zusammen ist. Als König hat er mit so Manchen zu tun und die meisten sind ihm unterstellt. Perfekt soll alles sein. Halbe Sachen mag er nicht. Dreiviertel Sachen ebenso wenig. Selbst die ganze Sache kann ihm nicht gefallen.

Gut ist nicht gut genug. Sollte gar etwas unmöglich sein? „Lasst uns einen Turm bauen, dessen Spitze bis in den Himmel reicht." Aber das ist eigentlich eine andere Geschichte.
Weshalb eigentlich sollte gut nicht auch einmal gut genug sein? Und halbwegs gut? Sollte es nicht auch so Manches auf Erden geben, das halbwegs gut auch noch gut genug ist?
Für Balak nicht. Für ihn ist niemals etwas gut genug. Andere bauen auch ihre Türme und diese schauen schließlich ihrerseits wieder auf den des Nachbarn.
Immer noch könnte hier und da etwas verbessert werden. Ein wenig effektiver muss doch möglich sein. Etwas mehr Effizienz ist schließlich in jeder Sache noch denkbar. Und mag es schon längst nicht mehr praktikabel und zu schaffen sein, theoretisch denkbar

möglich bleibt es allzumal. Und allein dies reicht aus, dass Balak in allen Dingen nur schwer zufrieden sein kann.

Nur schwer zufrieden ist er oft mit seinen Ministern und Dienern. Nur schwer zufrieden ist er oft mit den Ergebnissen seiner Regentschaft. Nur schwer zufrieden ist er sogar oft mit Gott - ja sogar mit ihm - und mit der Welt. Und am wenigsten zufrieden ist er bei alledem mit sich selbst.
Was war zu tun, wenn fremde und verarmte Menschen durch sein Land ziehen wollen? Ihn ganz persönlich brauchte es im Grunde nicht allzu sehr zu stören, und das tat es wohl auch nicht. Von seinem Königspalast aus würde er das bunte Treiben schließlich nur am Rande mitbekommen. Und sollte sich ihm doch einmal ein Fremder zu sehr nähern, wussten die Wachen schließlich, was zu tun war.
Nein, der König selbst wäre davon nicht direkt betroffen. Aber ein guter König sorgt sich eben um sein Volk. Und solange es diesem gut geht, wird auch er gut leben können. Ein zufriedenes Volk ist selbst dann noch mit seinem König einverstanden, selbst wenn dieser in Luxus lebt und schwebt. Ein zufriedenes Volk sieht dem König einiges nach. Ein zufriedenes Volk hat hin und wieder fast vergessen, dass es denn auch einen König hat.
Ein unzufriedenes Volk dagegen weiß wohl, dass es einen König gibt. Ein unzufriedenes Volk sieht dem König nichts nach. Ein unzufriedenes Volk mag seinen König in der Regel nicht, selbst wenn dieser fast all sein Hab und Gut verschenken würde.
Das Volk muss zufrieden leben können. Und wenn umherziehende und zudem sehr arme Menschen aus der Fremde sich an Brot und

Spielen vergreifen könnten, dann muss etwas unternommen werden. Unruhe im eigenen Volk ist das letzte, was ein König gebrauchen kann. Ja, das eigene Volk muss ungestört leben können, dann geht es auch dem König gut.

Was war zu tun, wenn fremde Menschen durch sein Land ziehen wollen? Wann immer guter Rat teuer ist, musste der alte Bileam her. Aus Midean kam er und Seher war er von Beruf. Mit seinem weiten Blick konnte er über das Tagesgeschäft hinaus sehen. Bileam hatte Träume und Visionen. Manche hielten ihn gar für einen Spinner. Aber als ein Spinner angesehen zu werden, muss für einen guten Träumer und Visionär nicht unbedingt eine Beleidigung sein. Ein kluger Spinner weiß dies gar als Kompliment zu verstehen.

Bileam kannte die Menschen und kannte die Leute. Er kannte ihre Fragen und Sorgen, ihre Gedanken und Probleme. Er wusste sie zu nehmen, wie sie sind. Sehr viel sann er über sie nach. Was ist der Mensch? Wo kommt er her? Wer ist der Mensch? Wo geht er hin? Bileams Nachdenken über die Welt war zugleich immer auch ein Gespräch mit seinem Gott. Im Beten und im Hoffen ging er durch die Zeit. Was er sagte und was er tat, das tat und sagte er vor Gott. Seher war er von Beruf; ja, er sah so manches, das dem Anderen verborgen blieb.
Ganz gut beraten fühlten sich viele daher durch Bileams Worte und Gedanken. Sein Name sprach sich schnell herum. Die Menschen hörten gern auf Bileams Ratschläge. Was der alte Bileam sprach, das konnte man sich zu Herzen nehmen, selbst wenn man ihn nicht persönlich kannte und nur vom ihm gehört hat.

Als eine ganz eigene müsste man seine Geschichte fast ein anderes Mal erzählen. Eine Prophetengeschichte würde es wohl sein, hörten wir sie aus seiner Sicht.

Balak saß derweilen in seiner Zwickmühle. Auf der einen Seite muss er etwas tun, damit sein eigenes Volk zufrieden bleibt. Den Erwartungen und Hoffnungen, den Wünschen und Begehrlichkeiten seines Volkes sollte ein König immer gerecht werden, liebt er seinen Stuhl. Aber nicht nur um seines sicheren Stuhles wegen tat Balak dies. Natürlich auch um sich selbst dabei zu gefallen.

Auf der anderen Seite muss Balak etwas tun, damit auch die Regierenden seiner Nachbarländer mit ihm zufrieden bleiben. Den Erwartungen und Hoffnungen, den Wünschen und Begehrlichkeiten seiner Amtskollegen muss er auf alle Fälle ebenso gerecht werden, will er keinen Ärger. Man stelle sich vor, Balak würde den Fremden in ihrer Not nicht helfen. Diese müssten wohl auf andere Länder ausweichen und dort um Hilfe bitten. Und nur weil Balak ihnen nicht helfen will, sollten diese sich nun damit mühen? Mit ihren eigenen Landsleuten bekämen es diese Könige nun wiederum zu tun, würde das Problem nicht in Balaks Haus gelöst.
Um sich selbst zu gefallen und um mit sich selbst zufrieden zu bleiben, muss Balak in vielen seiner Fälle natürlich auch seinen Amtskollegen aus den Nachbarländern gerecht werden.

Und noch ein Drittes musste Balak in all seine Überlegungen mit einbeziehen. „Man trifft sich immer zweimal im Leben". Auch diese Weisheit kannte er.

Sollte er wirklich dem fremden Volk die Hilfe jetzt verwehren? Seine Erfahrung verriet ihm, dass ihm dies irgendwann einmal auf die Füße fallen könnte. Man trifft sich meistens mindestens zweimal im Leben. Manchmal sogar öfters. Und was der Mensch nicht vergessen will, das vergisst er nicht.

Vieles vergisst der Mensch in seinem Leben - Schlüssel oder Hochzeitstage, Zeiten und Termine, Vokabeln oder Formeln; die einen vergessen dabei etwas weniger, die anderen fast alles. Vieles vergisst der Mensch in seinem Leben. Anderes dagegen vergisst er nie. Persönliche Verletzung oder ein falsches Wort, ein fehlender Gruß oder unterlassene Hilfe - das vergisst der Mensch Dir nie!
Sollte der, der heute einem Menschen Hilfe ausschlägt, nicht damit rechnen, auch einmal allein und hilflos dazu stehen? Wahrlich ein egoistischer Beweggrund, anderen zu helfen. Aber selbst Hilfe aus diesem Grund ist immer noch besser als überhaupt keine Hilfe.

Was Balak auf den Tisch bekommt, versucht er perfekt zu machen, koste es, was es wolle. Hin und wieder hat es viel seiner Zeit gekostet. Oftmals hat es eine Menge seiner Nerven gekostet. Auf Kosten seiner Familie ging es ebenso und nicht zu wenig. Und manches kostet eben Geld. Ja, manches kostet einfach Geld.
Sollte also nicht der alte Bileam in seiner Weisheit und Klugheit, in seiner Glaubwürdigkeit und Erfahrung, in seiner Weitsicht und Planung hier ins Boot geholt werden können? Und dies sogar im Namen Gottes? Er solle einfach die Obersten des fremden Volkes verfluchen und sie beschimpfen, sie belügen und betrügen, mit schlagkräftigen Worten sie verjagen und vertreiben.

Mit ein paar Lügengeschichten und Intrigen konfrontiert, auf Drohung und Erpressung reagierend, sich Beschimpfungen anhören müssend oder weiß der Teufel was noch möglich ist, hat schließlich schon mancher die Flucht ergriffen und das Feld geräumt.
Mit dem Hute in der Hand kommt hier niemand mehr durchs Land. Was Balak am eigenen Leib des Öfteren schon erfahren hat, sollte er dies nicht auch selbst anwenden dürfen? Heiligt nicht zudem der Zweck die Mittel?
Wie würde sich doch alles in Wohlgefallen auflösen, würde das fremde Volk die Flucht ergreifen und ganz einfach wieder von Tannen ziehen? Und wer nicht von sich aus einsieht, dass er das Feld zu räumen hat, bei dem muss eben ein wenig nachgeholfen werden.
Wie würde sich doch alles klären, würden die Fremden von sich aus wieder in die Wüste gehen. Der König selbst wäre zufrieden. Das eigene Volk könnte in Ruhe weiterleben. Die Nachbarkönige gäben Ruhe. Und Balak könnte wieder selbstzufrieden in den Spiegel schauen.

Aus der Sicht des Bileam erzählt, ist die Geschichte natürlich nicht weniger spannend. Manche Angebote bekommt man schließlich nur ein Mal im Leben. Kein schlechtes Angebot erhielt der Prophet. Aber das ist eben doch eine andere Geschichte, und als Prophetengeschichte muss ich sie ein anderes Mal erzählen.

Balak saß noch immer in seiner Zwickmühle. Solange jeder auf sein oftmals selbst definiertes Recht besteht, wird es jeder kleine König schwer haben, allen und allem gerecht zu werden. Half er diesen,

wurden jene unzufrieden. Achtete er auf jene, könnten die dritten unschön reagieren. Behält er die dritten im Blick, fühlten sich die ersten wieder vernachlässigt.
Entweder alle Beteiligten rücken ein wenig zusammen oder einer im Spiel wird geopfert. Entweder jeder gibt ein Stück vom Seinen ab oder es muss derjenige daran glauben, der sich am wenigsten wehren kann. In Balaks Spiel stand dem armen Volk sehr viel Geld gegenüber.

Unser König musste im Laufe seiner Zeit lernen, dass er eben doch nicht Allen in Allem immer gerecht werden kann. Persönlich sei es ihm verziehen, er kann´s beim besten Willen nicht.
Mit Sicherheit aber hätte es so mancher König dieser Welt einfacher, würden ihm diejenigen, denen er gerecht werden soll, einfach ein klein wenig dabei helfen.
Man stelle sich vor, was auf Erden alles möglich wäre, würden alle Beteiligten von ihrem Standpunkt nur soweit abrücken, dass am Ende dennoch jeder halbwegs gut damit leben kann. Selbst halbwegs gut ist oft mehr als genug.
Man stelle sich einen König vor, der nicht nur die Interessen des eigenen Volkes vertritt - und dennoch dessen König bleiben darf.
Man stelle sich einen König vor, der Hilfe durch seine Amtskollegen erfährt - und dies in der Tat nur um der Hilfe wegen.

Das Hoffnungsvolle aber der biblischen Geschichten ist, dass sie ihrem Wesen nach eben doch keine aus nur vergangener Zeit sind. Wenngleich Balak diesmal einen bösen Plan entworfen und dabei weder Zeit noch Mühe noch Kosten gescheut hat, um die

Schwächsten dieser Geschichte wieder los zu werden, damit die Stärkeren so weiterleben können wie bisher - so stehen doch alle Beteiligten stets neu vor der Möglichkeit, Wege gemeinsamer Lösungen zu finden, mit denen jeder halbwegs leben kann.
Wann immer heute Balak die Möglichkeit erhält, die Schwächsten des Systems doch nicht opfern zu müssen, weil jeder ein klein wenig nachgibt; wann immer heute Balak also die Möglichkeit erhält, nicht nur fast allen, sondern wirklich allen gerecht zu werden - sollte dann Gott nicht in deren Nähe zu finden sein?

Priestergeschichten

1. SAMUEL 3

Wenn Eli mutig seine Verantwortung abgibt ...

Wann immer wir uns Geschichten aus dem alten Israel erzählen - biblische Geschichten von Menschen, die vor uns gelebt und geglaubt haben - werden wir dabei auch auf Priestergeschichten hören können.
Könige regieren uns. Propheten haben uns etwas zu sagen. Priester verwalten für uns das Heilige.

Priester haben oft noch viel mehr als nur das Heilige zu verwalten und stehen dabei in der Gefahr, dieses als eines von vielen Dingen dieser Welt zu betrachten, die es in Ordnung zu halten und zu bewahren, zu organisieren und vor Missbrauch zu schützen gilt.
Aber nie und nimmer braucht sich Profanes mit dem Heiligen vergleichen. Nie und nimmer sollte sich das Heilige mit dem Irdischen messen lassen. Und wenngleich er oftmals mit einer Vielzahl von Dingen beschäftigt ist, so sollte es dem Priester stets bewusst sein, dass er uns in erster Linie das Heilige zu bewahren, weiterzugeben und vor Missbrauch zu schützen hat.

Das Alltägliche des Lebens braucht uns dennoch nicht unwichtiger zu sein. Keinesfalls hat es für den Menschen weniger Bedeutung. Es sind eben zwei Paar Schuhe in Gottes wunderbarer Schöpfung.

Falsch! Zwei Paar Schuhe braucht es nicht um dieses Bild zu malen, ein Paar Schuhe reichen aus. Das Begreifbare ist der eine Schuh in Gottes wunderbarer Schöpfung. Der andere das Heilige im Wesen unseres Daseins. Zwei Schuhe als ein Paar.
Aber jedes Bild hat seinen Hacken. In der Regel stehen die beiden Schuhe eines Paares nebeneinander. Es mag Menschen geben, die ihre Schuhe nicht in dieser Ordnung abstellen. Gut, dass es auch solche Menschen gibt. Gut, dass es möglich ist, den einen Schuh vor den anderen zu stellen. Dies hilft uns beim Verstehen dieses Bildes.
Denn so wie ein Schuh vor dem anderen stehen kann, so steht auch hier das eine vor dem anderen:

„Pro - fanus“ ist der Ort „vor - dem Heiligen“, dem „fanum“.

Welch große Bedeutung verbirgt sich hinter diesen Worten, und Menschen, denen etwas heilig ist, kennen beide Schuhe dieses Paares.
Aber jedes Bild hat seine Grenze. Denn während die beiden Schuhe eines Paares ihre eigene Existenz nur im Gegenüber zum anderen definieren können, ist das mit dem Heiligen solch eine Sache. Ein linker Schuh ist in der Regel nur dann dieser, wenn es einen rechten dazu gibt. Desgleichen ist ein rechter Schuh im Grunde nur dann derselbe, wenn er seinen linken hat. Die Gelehrten könnten nun

streiten und haben dies auch schon getan, ob nun das Heilige sein Gegenüber braucht oder auch ohne dieses in sich selbst genügsam wäre!? Braucht der heilige Gott also seine Schöpfung, um seinem Dasein einen Sinn zu geben? Brauchen die Geschöpfe ihren heiligen Gott, um ihrem Dasein einen Sinn zu geben?
Profanus ist der Ort „vor dem Heiligen". Allein schon dies Wort will erzählen, dass alles Geschaffene sich als existent vor seinem Schöpfer verstehen kann. „Vor dem Heiligen" steht der Mensch und staunt über seinen Gott.

Mit dem Heiligen ist dies so eine Sache - es ist nicht zu begreifen. Auch Priester sind nicht zu beneiden. Den Geist des Heiligen, das nicht Begreifbare sollen sie bewahren, weitergeben und vor Missbrauch schützen. Eine wichtige Aufgabe. Man stelle sich nur eine Welt vor, in der den Menschen nichts mehr heilig ist.

Ich möchte euch die Geschichte eines Priesters erzählen. Die ganze Geschichte dieses Priesters lässt sich natürlich nicht weitergeben. Kein Mensch ist in der Lage, die ganze Geschichte eines anderen vollkommen zu verstehen. Irgendein Gedanke, irgendein Gefühl, irgendein Teil würde dennoch immer fehlen, hätten wir den Anspruch, die Geschichte eines Menschen vollkommen zu erzählen, geschweige denn sie zu verstehen. Aber wer hat schon diesen Anspruch, einen anderen Menschen in seiner Ganzheit verstehen zu können?

Eli war Priester in Silo, einer kleinen Stadt in Israel; und suchen wir diese, so müssen wir von Jerusalem aus nach Norden schauen. Eli

war Priester. Und weil Priester auch nur Menschen sind, ist auch Eli über die Jahre älter geworden.
„Mein Gott! Mein Gott! Wo sind denn nur die Jahre hin?“ so mag es Eli des Öfteren gedacht und auch gebetet haben. „Mein Gott! Mein Gott!“ so hat es Eli oft gerufen. Wie oft in seinem Leben mögen Eli diese Worte durch seine Gedanken und über seine Lippen gegangen sein? „Mein Gott! Mein Gott!“ Natürlich - so zu rufen war schließlich sein Beruf. Aber er hätte es wohl auch dann getan, wenn er nicht Priester gewesen wäre.

„Mein Gott!“ - so haben die Menschen ihn dann auch genannt. „Mein Gott“ - so war sein Name. „Eli“ - „Mein Gott“. Vielleicht hatten ihn seine Eltern schon nach seiner Geburt so genannt. Vielleicht hatte Eli aber zudem auch einen anderen und bürgerlichen Namen.
Die Geschichten der Bibel verraten uns nicht, ob die Namen derer, von denen wir erzählen, in der Tat von ihren Eltern stammen oder von Menschen, die deren Geschichten später erzählt haben. Allein die Namen selbst jedoch - wer immer sie auch ihnen gab - haben uns eine Menge zu erzählen. Die Namen der Bibel sind Botschaft selbst. Namen sind kein Zufall. Namen können etwas über ihren Träger aussagen. In den biblischen Geschichten tun sie dies.

Eli war Priester in Silo, und dass auch er nur ein Mensch gewesen ist, spürte er vor allem auch daran, dass mit seinen Jahren des Alters seine Augen matt geworden sind.
„Seine Augen hatten angefangen, schwach zu werden“ so lesen wir es in den Worten der biblischen Geschichte und hin und wieder jammerte und klagte er darüber.

Sollte er nicht vielmehr dankbar sein, dass er so viele Jahre geschenkt bekommen hat. Mancher, der früh sterben musste, wäre sicher froh gewesen, hätte er das Alter erlebt, in der die Augen nun mal beginnen, schwach zu werden - oder die Ohren, oder die Knochen, und manchmal sogar die Gedanken.
So mancher, der noch gut sehen konnte, versuchte Eli begreiflich zu machen, dass auch Augen mit ihren Jahren schwächer werden können und dass dies im Alter nun mal ganz normal sein kann. Sie mögen recht haben - diese die noch so gut sehen konnten - Eli aber litt dennoch darunter.

Ja, Priester sind auch nur Menschen, und dies in jeder Beziehung. Zum Beispiel auch in der Beziehung zu ihren Kindern. Und wenngleich es zwar schon eine ganze Weile her ist, dass Elis Söhne aus der Schule kamen, so hatte doch deren Berufswahl ihre weitreichenden Konsequenzen mit sich gebracht.
Väter wünschen sich bisweilen, dass ihre Söhne in die Fußstapfen ihres eigenen Berufes steigen. Auch Mütter wünschen sich dies hier und da von ihren Töchtern. Auch Väter von ihren Töchtern oder Mütter von ihren Söhnen.
Wann immer wir uns die Geschichte Elis und seiner Söhne im Nachhinein erzählen, kann schon der Eindruck entstehen, die Söhne hätten sich in anderen Berufen mit Sicherheit wohler gefühlt als in ihrem Priesteramt, in das sie traten.

Menschen begegnen dem Heiligen auf verschiedene Weise. In seiner jeweils eigenen Art fragt der Mensch nach Gott. Und es gibt

Menschen, die für das Heilige verschlossen bleiben und für die die Fragen nach dem Heiligen ein Buch mit sieben Siegeln ist.
Es würde unsere Fähigkeit übersteigen, wollten wir nun einschätzen, ob auch das Heilige selbst, ob Gott selbst für diese Menschen ebenso verschlossen bleibt. Öffnet sich auch Gott nur denjenigen, die sich ihrerseits ihm öffnen? Es darf geglaubt und auch gehofft werden, dass Gott sich einfach allen öffnet.
Aber Gottes Gedanken sind oft andere als des Menschen Gedanken. Und versuchten wir als Menschen, Gottes Gedanken zu verstehen - in der Tat ist dies eine große Versuchung - so würden wir uns dem Heiligen zu sehr nähern. Den Ort, den wir gegenwärtig zum Leben haben, den „Ort vor dem Heiligen", profanus müssten wir verlassen, um Gottes Gedanken zu verstehen.
Ja, wenn des Priesters Aufgabe ist, dass Heilige vor Missbrauch zu schützen, dann kann er nur vor dem Hochmut warnen, Gottes Gedanken verstehen zu wollen. „Vor dem Heiligen" steht der Mensch und staunt über seinen Gott.

Menschen begegnen dem Heiligen auf verschiedene Weise. Begegnen? Eine Begegnung wie die zweier Menschen kann dies freilich nicht sein. Kann der Mensch denn Gott begegnen? Kann der Mensch dem Heiligen begegnen?
Vielleich sollte man wohl lieber sagen, Gottes Geschöpfe erahnen das Geheimnis des Heiligen auf ihre jeweils unterschiedliche Weise. Der glaubende Mensch versucht das Geheimnis Gottes zu erahnen. Aber auch darin ist der Mensch verschieden. Dem Anderen bleibt es ein Buch mit sieben Siegeln, über diese Welt hinaus zu ahnen.

Die biblischen Worte unserer Geschichte verraten uns, dass die Söhne Elis wenn überhaupt dann doch nur schwer in ihrem Leben einen Zugang zum Heiligen finden konnten. Und doch sollten sie zu Priestern werden.
Wir können dies bei Eli natürlich nur vermuten, aber sollte es wirklich so sein, dass Eli darauf bestand, die Söhne mögen dies und jenes werden, dann könnte unsere Priestergeschichte in dieser Beziehung auch eine andere Geschichte sein. Es könnte ebenso die Geschichte einer Bäckerfamilie oder die einer Metzgerfamilie, eine Ärztegeschichte oder sonst was für eine Geschichte sein.
Väter wünschen sich bisweilen, dass ihre Söhne einmal das vollenden, wozu sie selbst nicht mehr gekommen sind. Aber nicht nur Väter allein, die Mütter stehen ihnen hier nur ein klein wenig nach.
Wie auch immer, auf alle Fälle war es in der Tat keine gute Entscheidung, dass Elis Söhne Priester wurden. Aber auch dies ist fast eine andere Geschichte. Eine leidvolle und peinliche Geschichte, in der Menschen ihr Amt missbrauchen. Und wenn Priester dies tun, dann wird dabei zugleich das Heilige auf keine gute Weise berührt.
Ich will die Geschichte dieser Söhne Elis an dieser Stelle eine andere Geschichte sein lassen und sie ein anderes Mal erzählen. Aber den biblischen Erzählern und auch Gott sei Dank gesagt, dass sie auch diese Geschichte nicht verschwiegen haben.

Eli war alt und seine Augen sind schwach geworden. Und auch deswegen musste seine Nachfolge irgendwie geregelt werden. Auf seine Söhne konnte er dabei nicht mehr hoffen.

Sollte man von den Kindern überhaupt erwarten dürfen, dass sie den Hoffnungen ihrer Eltern gerecht werden? - Aber das wäre schon wieder diese andere Geschichte.
Obwohl, wenn ich hier und jetzt die Geschichte von Elis Nachfolge weitererzähle, dann sei es fast dahingestellt, ob es nun die eigenen Kinder sind oder andere, die in seine Nachfolge treten.

Elis Nachfolge musste geregelt werden. Und zu dieser Zeit diente der Knabe Samuel dem Herrn unter Eli. An Samuel hat Eli schließlich seine Verantwortung abzugeben. Samuel sollte sein Nachfolger werden und wurde es dann auch.
Wenn die eine Generation an die nachfolgende Verantwortung abgeben und übergeben soll, dann entstehen spannende Geschichten; spannungsvolle Geschichten und bisweilen sogar spannungsgeladene Geschichten.
Man wird nicht sagen können, dass des alten Priesters Übergabe an Verantwortung auf seinen Nachfolger Samuel nun unbedingt in schwieriger Weise spannungsgeladen war. Aber seine ganze Verantwortung nun endgültig zu übergeben und auch wirklich praktisch und nicht nur der Form nach abzugeben, das war schon keine leichte Aufgabe für ihn.

„Mein Gott! Mein Gott! Wo sind denn nur die Jahre hin?“ so mag es Eli nun auch jetzt gedacht und auch gebetet haben. „Mein Gott“! – und in seinen Gebeten kam dieser Ruf in der Tat vom Herzen. Gerade stand Eli noch mitten im Berufsleben. Und nun soll es schon Zeit sein, seine Verantwortung abzugeben; an einen Menschen, der sein Sohn, gar fast sein Enkel sein könnte?

Ob es denn für den Nachfolger leichter ist, die zu übergebende Verantwortung entgegenzunehmen? Wie mag es Samuel dabei ergangen sein?
Wenn Zepter übergeben werden, so sind es in der Tat beide Seiten, die sich auf diesen entscheidenden Moment einlassen müssen. Entscheidend und einschneidend ist es für beide Seiten, wenn der Stab an Verantwortung übergeben wird, wie dieser auch im Einzelnen aussehen mag.
Der Form nach kann so manches Erbe schnell übergeben und auch angetreten werden. Und je jünger die Erbenden dabei sind, desto schneller und euphorischer geschieht dies bisweilen. Aber das Werk auch wirklich in guter Weise fortzusetzen, könnte dann vielleicht doch noch einmal auf einem anderen Blatt stehen.

Es dauerte eine Weile, bis sich Eli seiner selbst bewusst war, um diese Schritte nun gehen zu können. Und ebenso dauerte es eine Weile, bis sich Samuel seiner selbst bewusst war, um diese Schritte mitzugehen. Sowohl der alte Priester als auch sein junger Nachfolger mussten ihre Rollen erst neu finden.
Ja, und sie brauchten Mut dazu und darüber hinaus noch eine ganze Menge Selbstbewusstsein - wahres Selbstbewusstsein, sich seiner wahrlich selbst bewusst sein, vor allem sich seiner Schwächen wahrlich selbst bewusst sein und gerade auch zu diesen stehen zu können. Wer lautstark seine Stärken preisgibt - ist der sich immer seiner selbst bewusst?
Für wahrlich selbstbewusste Menschen, mag es leichter sein, in neuen Rollen ihres Lebens sich zu Recht zu finden. Wer sich seines Selbst dagegen weniger bewusst ist, tut sich dabei etwas schwerer.

Samuel und Eli haben es nicht beim ersten Mal geschafft. Viel zu sehr verwurzelt war der alte Priester im Alltag seines Berufes, als dass er von einem Tag auf den anderen abgeben und umschalten, abschalten und übergeben kann. Viel zu sehr geliebt hat er seine Aufgaben, als dass er sie so einfach ablegen kann wie die Zeitung des vergangenen Tages. Viel zu sehr verwachsen war er auf seine Art und Weise mit den vielen Menschen, mit denen er in den Jahren seiner Arbeit zu tun hatte.
Der Knabe Samuel diente bisher unter Eli. Er beobachtete ihn genau. Er kannte ihn und hörte auf ihn. Auch bewunderte er ihn. Und je mehr er darüber nachdachte, desto unsicherer wurde er, ob er diesem Anspruch überhaupt gerecht werden kann.

Samuel und Eli haben es nicht beim ersten Mal geschafft, die Verantwortung ihrer Aufgaben zu übergeben.
Und die Beiden haben es auch beim zweiten Versuch nicht geschafft, ihre neuen Rollen zu finden.
Eli fiel das Loslassen und Abgeben erstaunlich schwer. Samuel fiel es ebenso schwer, anzunehmen und loszulegen. Des Einen Wehmut war des Anderen Bedenken. Eli brauchte Mut, um die Verantwortung in jüngere Hände zu geben. Samuel brauchte denselben, um sie eigenständig zu übernehmen. Beiden fehlte noch der Mut.
Ja, selbst beim zweiten Mal haben sie es nicht geschafft, die nötigen Schritte aufeinander zuzugehen, um danach in neuen Rollen wieder auseinanderzugehen.
Erst nach einem dritten Anlauf hatten sie beide ihre neuen Aufgaben gefunden. Eli hat sein Amt an Samuel übergeben. Sie brauchten

eine Weile, drei ganze Versuche, aber gerade indem sie diese Weile brauchten, haben sie es gut geschafft. Was lange währt, wird schließlich gut. Aber allzu lange sollte es auch nicht dauern.

Wann immer wir in der Bibel der Zahl Drei begegnen, ist sie ein Zeichen dafür, dass eine Sache in sich abgeschlossen ist und einen positiven Ausgang genommen hat, ja sogar in gewisser Weise einen höheren Wert hat.

Nicht von ungefähr sagt des Volkes Mund, dass aller guten Dinge Drei sind. Nicht von ungefähr, dass Jona drei Tage in seiner Dunkelheit gefangen war. Nicht von ungefähr, dass Christus am dritten Tage auferstanden ist. Nicht von ungefähr beschreiben wir die Göttlichkeit in ihrer dreifachen Weise.

Aller gut gewordenen Dinge sind Drei. Samuel hatte jetzt in aller Konsequenz die ganze Verantwortung für das Priesteramt übernommen.

Wie wahr! Samuels Feuertaufe lies nicht lange auf sich warten. Manchmal sind Priester auch zugleich Propheten. Samuels erste Aufgabe war mehr eine prophetische denn eine priesterliche - und in der Tat keine einfache. Aber auch hier könnte die Geschichte wieder eine Bäckergeschichte oder Ärztegeschichte, eine Lehrergeschichte oder sonst was für eine Geschichte sein.

Es ist keine leichte Aufgabe, wenn junge Menschen Verantwortung übernehmen und es zu den ersten Aufgaben gehört, bisherige Wege der Vorgänger in Frage zu stellen, da es in der Tat nach langer Zeit von Nöten ist, nun andere zu gehen. Wenn Nachfolger andere Wege als ihre Vorgänger gehen, bedeutet dies noch lange

nicht, dass die alten Wege falsch gewesen sind. Ein Vorgänger mag dies bisweilen so einschätzen und dies macht die Sache dann schon wieder kompliziert. Des Vorgängers Wege müssen in dessen Zeit nicht falsch gewesen sein. Aber jede Zeit hat ihre Wege. Und auch Samuels Zeit ist jetzt nun einmal eine andere als es Elis Jahre gewesen sind.
Ja, man könnte Samuel gewiss einen leichteren Start wünschen wollen, aber bleibt er sich und seiner neuen Aufgabe treu, so muss er tun, was nun vor Füßen liegt.

Elis gesundes Selbstbewusstsein half ihm, sich zurück zu halten. Er fand und akzeptierte seine neue Rolle. Auch Samuel hatte sein gesundes Selbstbewusstsein, und während dieses ihn vor Stolz bewahrte, fand auch er in seine neue Aufgabe.
Das Hoffnungsvolle aber der biblischen Geschichten ist, dass sie ihrem Wesen nach eben doch keine aus nur vergangener Zeit sind. Und wenngleich es weder für Eli noch für Samuel leicht gewesen ist, ihre Verantwortung durch ein selbstbewusstes Handeln abzugeben bzw. sie durch ein ebenso kluges Handeln entgegenzunehmen, so stehen die Beiden doch stets neu vor der Möglichkeit, das gute Maß dabei zu finden.
Wann immer heute Eli mutig seine Verantwortung abgeben kann, und dabei kein Streit und keine Missgunst, keine Rechthaberei und keine Besserwisserei, kein Trotz und kein Stolz entstehen - sollte dann Gott nicht in seiner Nähe zu finden sein?

Prophetengeschichten

2. KÖNIGE 5

Wenn Naaman auch von seinen Schwächen reden darf ...

Wann immer wir uns Geschichten aus dem alten Israel erzählen - biblische Geschichten von Menschen, die vor uns gelebt und geglaubt haben - werden wir dabei auch auf Prophetengeschichten hören können.

Könige regieren uns. Priester verwalten für uns das Heilige. Propheten haben uns etwas zu sagen. Und wenngleich uns Propheten eine Menge zu sagen haben, so haben sie doch im Vergleich zu den Königen oft sehr wenig zu sagen.
Mancher in dieser Welt hätte eigentlich viel zu sagen, aber man hört ihn einfach nicht. Auf andere hört man wohl, obwohl diese oft nichts Wirkliches zu sagen haben.
Könige leben im Tagesgeschäft. Propheten schauen über den Tag hinaus. Was heute konkret zu tun ist, darüber hat der König zu entscheiden. Keine leichte Aufgabe. Ob sein Weg jedoch gut ist und die Richtung stimmt, das vermag der Prophet einzuschätzen. Auch keine leichte Aufgabe.

Und Beiden wird es gut tun, hin und wieder vor dem Heiligen einmal Ruhe zu suchen, mit dem Priester im Gottesdienst die Schuld abzulegen, im Danken neue Kraft und neuen Mut zu tanken und unter Gottes Segen weiterzugehen.

Elisa war Prophet und wohnte in Samaria. In einen Nordteil und in einen Südteil war das Heilige Land gespalten und sowohl der Norden als auch der Süden Israels hatten natürlich jeder ihren eigenen König. Und - wie sollte es auch anders sein - jedes Reich schmückte sich mit seiner eigenen Hauptstadt. Samaria war das Zentrum des Nordreiches Israel und Elisa, der Prophet, wohnte auch am Ort.

Eines Tages klopfte es bei ihm an der Tür. Sein Rat war gefragt. Gut wenn es Menschen gibt, die auf den Rat guter Propheten hören. Nicht auf jeden Propheten zu hören, ist ebenso ratsam. Auch bei den Propheten gibt es solche und solche. Oft nicht einfach, die Spreu vom Weizen zu trennen.

Elisa galt als guter Prophet, sein Rat war gefragt. Und hin und wieder musste auch er seinem König in Samaria die Wahrheit ins Gesicht sagen. Diese Art Rat war eher nicht erfragt, aber Elisa legte ihn seinem König dennoch auf den Tisch.

Gut, dass es Menschen gibt, die hin und wieder diesen Mut haben. Wenngleich man sich schon sicher sein sollte, dass es in der Tat sowie auch im Wort wirklich die Wahrheit ist, mit der man den König oder wen auch immer konfrontiert.

Eines Tages klopfte es bei Elisa, dem Propheten aus Samaria, an der Tür. Und ich möchte euch die Geschichte dessen erzählen, der

bei Elisa anklopfte. Allein schon wegen dieses Anklopfens ist diese Geschichte zu einer Prophetengeschichte geworden. Es wird den Anschein haben, als spiele Elisa nur eine Nebenrolle - zumal der Prophet selbst in der ganzen Geschichte nicht einmal sein Haus verlässt. Die Hauptrolle spielt ein Anderer und dieser klopft beim Propheten an.
Das jedoch ist weit mehr als sich mancher zutraut. An der Tür eines Fremden zu klopfen, kann bisweilen ganz schön schwer und unangenehm sein. Und so ist diese Geschichte allein schon wegen Elisas Tür eine Prophetengeschichte.

Nicht nur Israel, auch sein Nachbarland Aram hatte natürlich alles, was man braucht, um einen guten Staat zu machen. Die Hauptstadt Damaskus, seinen König vor Ort und so manche Beamte.
Und der König der Aramäer hatte einen Feldhauptmann. Naaman ist sein Name. „Groß vor seinem Herrn“ ist er - so lesen wir. Aber er ist von Aussatz geplagt und dieser macht ihm in der Tat zu schaffen.
In der Regel war Naaman fit. Im Allgemeinen ging es ihm nicht schlecht. Im Großen und Ganzen konnte man sich auf ihn verlassen. Aber er hatte eine dünne Stelle und hin und wieder schränkte diese ihn in seiner Leistungsfähigkeit ein. Er hatte keine schlechten Karten bei seinem König, aber wenn er nicht endlich etwas gegen seinen Aussatz tut, droht ihm der Ausschluss aus dem öffentlichen und sozialen Leben.

In ihrem Umgang mit Krankheit und ihrem Verständnis für Betroffene kann eine Gesellschaft ziemlich hart und unbarmherzig sein. Ein wenig Geduld und höffliches Verständnis wird des

Anstandes halber schon aufgebracht. Aber jede Gruppe ist eben nur so stark wie ihr schwächstes Glied. Wird die Gesellschaft also stärker, wenn die schwächeren Glieder abgehängt werden? Wer vom Tagesgeschäft her denkt, der hat wohl recht. Wer über den Tag hinausschaut, rechnet meistens anders.

Naaman ist in seiner Position nicht zu beneiden. Na ja, manche tun dies schon. Eine schöne Stellung hat er schließlich als Beamter des Königs. Aber auf den zweiten Blick steht er doch zwischen allen Stühlen. Über ihm der des Königs, und vor diesem muss er sich schließlich verantworten. Unter ihm die Stühle derer, die zwar viel zu reden haben, aber wenn es wirklich mal drauf ankommt doch alle Verantwortung eine Stufe höher abgeben können.
Wenn schon nicht die erste Reihe möglich ist, dann vielleicht doch lieber die dritte. In der zweiten sitzt Naamen, und irgendwie hat ihn seine Arbeit müde gemacht, zerrieben und zermürbt. Und ob nun seine körperlichen Beschwerden auf seinen Stress zurückzuführen sind oder ob dieser von jenen kam, das wusste er schon längst nicht mehr.

Wenn er nicht endlich wieder fit wird, wer weiß wie lange er noch zu tragen ist. An jedem Strohhalm Hoffnung klammert er sich fest. Er hört auf jenen, hört auf diesen. Ja, und so hört er sogar auf eine seiner Hauswirtschaftlerinnen, die in seinem Haus angestellt ist.
Aus Israel stammt sie und nicht zuletzt wegen des gewonnenen Krieges konnten die Aramäer auf günstige ausländische Arbeitskräfte zurückgreifen. Also ein ganz schlechter Kerl scheint dieser Naaman nicht gewesen zu sein, denn seiner Dienerin aus

dem Nachbarland liegt daran, dass ihrem Chef geholfen wird. Sicher hat sie auch aus Eigennutz gehandelt, auch sie will ihre Arbeit behalten, das eigene Interesse ist gerechtfertigt. Und doch hätte sie sich auch raushalten können.
Wäre Naaman ein wirklich schwieriger Chef gewesen, hätten seine Angestellten notfalls auch einen Wechsel in Kauf genommen. Der Dienerin aus Israel liegt daran, dass ihrem Chef geholfen wird. Und sie meint es ehrlich, das spürt man ihr ab. Ein kleines Wörtchen, nur drei Buchstaben, können an dieser Stelle Bände sprechen: „Ach..., dass mein Herr wäre bei dem Propheten in Samaria!" Der könnte ihm sicher helfen.
Naaman war kein schlechter Kerl und als Chef hat er gepasst. Und so hört er auf seine Dienerin und nimmt sich deren Rat zu Herzen. Auch er war sich sicher, dass ihm der Prophet aus Israel in seiner Situation wohl helfen könnte. Und wenn es dann doch nicht hilft, so schadet es zumindest nichts.

Naaman nimmt die Gelegenheit beim Schopf und wäre da nicht die eine Sache gewesen, so hätte er nun ganz einfach hinüber nach Samaria reisen, beim Propheten an die Tür klopfen, seine Bitte vorbringen und die Hilfe entgegen nehmen können.
Aber leider war da die eine Sache. In seiner Stellung muss man eben bei jedem Wort, bei jedem Schritt und selbst bei jedem Blick genau überlegen, was man tut.

Menschen, die ständig bei jedem Wort überlegen müssen, was sie sagen; Menschen, die ständig bei jedem Blick überlegen müssen, wie dieser wirken könnte; Menschen, die ständig bei jedem Schritt

überlegen müssen, auf welchem Parkett sie sich gerade befinden; Menschen, die sich niemals frei und zwanglos bewegen können, sind in der Tat nicht zu beneiden.
Und mit der gleichen Gewissheit, mit der Naamen seinen Beruf liebte, war auch dies ein Grund für seine seelische Unruhe und die körperlichen Beschwerden. Und an der dünnsten Stelle bricht das Brett. Naamans dünnste Stelle war seine Haut und ein dickes Fell hatte er schließlich nicht.

Wie gern wäre Naaman ohne Zwänge einfach nur mal losgereist. Wie wünschte er sich, einmal nur als Nachbar und nicht als Königsdiener angesehen zu werden. Wie sehnte er sich danach, seinen Wunsch nach Hilfe frei aussprechen zu können. Aber frei und zwanglos lebte er schon lange nicht mehr. Und nun konnte er nicht mehr. Und manchmal wollte er nicht mehr - gar nicht mehr.

Der Dienstweg gebot ihm als Erstes zu seinem Chef zu gehen. Mit der Arbeitsunfähigkeitsbescheinigung bereits in der Hand versuchte er zumindest vorsichtig anzudeuten, dass seine Auszeit wohl etwas länger dauern würde.
Erstaunlich wie gelassen sein Chef reagieren konnte. Sein Dienstvorgesetzter, der sich wegen Kleinigkeiten oft so maßlos aufregen kann, schaut mit einem mal doch ein wenig verunsichert und wünscht ihm alles Gute. Und: Er soll mal wieder schnell gesund werden, man brauche ihn doch.
Der Dienstweg gebot ihm als Zweites, sich jetzt rauszuhalten. Der König von Aram nimmt die Sache selbst in die Hand. Schließlich ist

er der König in Damaskus und zudem hat sein Land den kleinen Nachbarn Israel im letzten Krieg besiegt.
Die Idee der Hausangestellten aus Israel scheint nicht schlecht. So manches hatte man schon aus dem Nachbarland über Elisa gehört. Doch einfach hinübergehen und anklopfen, das geht nun wirklich nicht. Die Sache Naaman muss in aller Form erledigt werden. Wenn also der König des Siegers dem Besiegten in einem amtlichen Schreiben die Bitte um Hilfe mit Nachdruck befiehlt, sollte man da nicht auf ein diplomatisches Abkommen hoffen dürfen?!

Und so macht sich Naaman auf den Weg nach Samaria. Im Schloss des Königs taucht er schließlich auf, ein Befehlsschreiben in der Hand und Gold und Silber im Gepäck.
Seine Position gebietet ihm, keinesfalls als Privatperson zu reisen. Und die politische Großwetterlage verbietet es gar, als Bittsteller beim politischen Gegner aufzutreten.
Und so weiß sich Naaman natürlich wieder einmal auf seiner Dienstreise zu benehmen. Natürlich weiß er wieder einmal, wie er zu blicken hat. Natürlich weiß er wie immer, was zu wem zu sagen ist. Und mit der Macht des eigenen Königs im Hintergrund sowie dem Befehlsschreiben in der Hand lässt sich ohnehin gut auftreten.

„Ach, - dass mein Herr wäre bei dem Propheten in Samaria!“ Mit den Worten seines Dienstmädchens im Ohr steht er nun doch schon wieder auf dem Parkett des königlichen Hauses.
Ja, hätte er frei und zwanglos handeln können, wäre er sofort zu Elisas Tür gezogen, aber frei und zwanglos leben konnte er schon lange nicht mehr.

Vielleicht hätte er wirklich früher schon den Mut haben sollen, auf den Rat seiner Dienerin zu hören. Er war ein kluger Chef. Und als solcher hört er hin und wieder auf den Rat seiner Angestellten. Innerlich hörte er auf diesen. Aber dies zuzugeben hätte bedeutet, Schwäche zu zeigen.

In Kulturen, die ihre schwächsten Glieder einfach abhängen, um daraus scheinbar stärker hervorzugehen, verbietet es sich, Schwäche zu zeigen. Tief brennt sich der Zwang in ihr Bewusstsein ein, jeden Anschein auch nur von vermeintlicher Schwäche zu vermeiden, zu verbergen und bereits im Keim zu übermalen.
Wer auch nur um Hilfe bittet, der zeigt Schwäche - scheinbar weiß er doch nicht alles. Wer auch nur nach Rat fragt, der zeigt Schwäche - scheinbar könnte er Fehler machen. Und wer gar von Herzen um Entschuldigung bittet, hat sich etwas zu Schulden kommen lassen, und dies geht ja nun wirklich nicht.

Kann sich eine Gemeinschaft Schwäche leisten? Jedes Brett ist schließlich nur so stark wie seine dünnste Stelle. Wird das Brett stärker, wenn die dünnste Stelle einfach abgesägt wird?
Wer kurz denkt, wird dies tun und damit ganz gut über das Quartal kommen. Wer etwas weiter schaut, wird sich eine ganze Weile um die dünne Stelle kümmern, vielleicht wird er sie noch brauchen können. Wer den großen Blick hat, hilft aus Selbstverständlichkeit und bleibt gelassen. Und sie abzuschneiden ist kein Thema, denn er weiß, dass auch er nur aus demselben Holz geschnitten ist.
Ein kluges Brett wird dankbar sein und weiß es auch als Stärke zu schätzen, wenn seine jeweils dünnste Stelle offen zugibt, dass sie

zurzeit nicht über die Maßen belastet werden sollte. Ein weniger kluges Brett dagegen droht den jeweils dünnen Stellen und diesen bleibt nichts anderes übrig, als den guten Schein zu wahren, wollen sie nicht abgesägt werden.
Kann sich eine Gemeinschaft Schwäche leisten? Es sollte sich keiner so wichtig nehmen, als dass er denkt, es gehe nicht ohne ihn. Und mit Sicherheit sollte sich keiner für so unwichtig halten, als dass er nicht auch etwas zu sagen hätte.

Als Naaman beim König in Samaria ankam, kam es wie es kommen musste. Schon im Tagesgeschäft ist es schwer genug, diplomatische Beziehungen so zu gestalten, dass jeder dabei seinen guten Schein wahren kann. Aber hier ging es um weit mehr als nur um das dienstliche Tagesgeschäft. Hier stand ein Mensch mit Leib und Seele im Mittelpunkt. Jedes Spiel hat eben seine Grenze und an dieser flog es schließlich auf.

Könige leben im Tagesgeschäft. Der König in Samaria hatte selbst alle Gedanken voll zu tun, sein eigenes zu schaffen. Und so platzte auch ihm einmal der Kragen - jetzt beim Lesen der Botschaft seines Kollegen aus Damaskus: „Bin ich denn Gott,..." so lesen wir es in den Worten der biblischen Geschichte - dass ich dies nun auch noch alles mit übernehmen soll? Auch er kroch wohl hin und wieder auf dem Zahnfleisch. Ja, es sollte ihm kein Vorwurf gemacht werden, dass auch er jetzt die Geduld verlor und so die protokollarische Form bisweilen mal verlassen hat.
Könige leben im Tagesgeschäft. Propheten schauen über den Tag hinaus. Gut, dass Elisa ein guter Prophet war und auch jetzt seinen

König im Blick behielt. „Schick ihn einfach mal zur mir!“ lies Elisa ihm über einen seiner Boten ausrichten.

Und so klopfte es eines Tages an Elisas Tür. Diese Tür, die die Geschichte eben auch zu einer Prophetengeschichte macht. Und auch wenn Elisa in dieser ganzen Geschichte nicht ein einziges Mal sein Haus verlassen hat und auf diese Weise in der Tat nur eine Nebenrolle spielt, so war doch dessen Tür Naamans Wendepunkt. Denn eben dort, an dieser Tür, wurde der Hilfesuchende schließlich abgefertigt. Und dies nicht einmal vom Propheten selbst, nein auch hier war es wieder ein Bote, der schöne Grüße und dazu noch einen Rat vom Propheten ausrichtete. „Geh hin und wasche dich siebenmal im Jordan, so wird dir dein Fleisch wieder heil und du wirst rein werden.“ Umkehren sollte Naaman, zum Jordan gehen, siebenmal untertauchen? Umkehren. Im wahrsten Sinne des Wortes wurde des Propheten Tür zu Naamans Wendepunkt.

Naaman spürte in diesem Moment, dass er nun andere für sich denken lassen muss. Sein Kopf war leer, die Situation nicht wirklich echt für ihn. Und wie er bis zu dieser Tür gefunden hatte, konnte er sich auch nicht recht erklären. Hatte er bis zu dieser Stunde noch ganz gut funktioniert, so gab er nun alle Verantwortung erst einmal ab. Ja, sogar das Denken überließ er anderen.
Gut, dass Naaman Freunde bei sich hatte, die es gut mit ihm meinten und die dies übernommen haben. Eigentlich waren es seine Diener, aber in diesem Moment waren sie mehr für ihn und auch er war mehr für sie. „Lieber Vater“ - so treten seine Diener zu ihm nach den biblischen Worten dieser Geschichte. „Lieber Vater!“

„Lieber Vater“? So hatte ihn schon lange niemand mehr angeredet. Was auch immer seine Diener ihm jetzt sagen wollen - nach langen Jahren spürte Naaman das erste Mal in seinem Herzen, dass er wieder als Mensch wahrgenommen wird. Wirklich nur als Mensch, und eben nicht als zweiter Mann nach dem König. Nur als Mensch, und eben nicht als einer, der zu reden und zu blicken, zu gehen und zu funktionieren hat, wie es dem Protokoll und der politischen Großwetterlage im Betrieb des Alltages entspricht. Nur als Mensch - bzw. überhaupt erst wieder als Mensch. Als Mensch mit seinen Freuden und mit seinen Leiden. Als Mensch mit seinem Humor ebenso wie mit seiner Schwermut. Als Mensch mit seinen Stärken ebenso wie mit seinen Schwächen.

Um seine Stellung hatte ihn so mancher beneidet. Nun steht Naaman vorerst nicht mehr. Nun hockt er irgendwo zwischen Samaria und dem Jordan auf dem Boden und fühlt sich wie im falschen Film. Auf dem Boden knieend und weinend legen seine Diener ihm die Hand von hinten auf die Schulter und reden ihn mit „Lieber Vater!“ an. Und so unecht die Situation für Naaman war, so echt und so befreiend war sie doch zugleich.

„Geh hin und wasche dich siebenmal im Jordan.“ Welch merkwürdiger Rat! Siebenmal im Jordan baden? Es dauerte eine Weile, bis er ihm folgte und dessen Sinn dabei erkannte.
Ja, untertauchen soll Naaman erst einmal. Abtauchen ist angesagt. Naaman muss sich rausnehmen lassen aus dem Getriebe seines Alltages, das in über die Jahre in seinen Zwängen festgehalten und in seine Mangel genommen hat. Ja, Abtauchen ist jetzt angesagt.

Am Ufer des Jordans wird er erst einmal zur Ruhe kommen. Die Muttererde wieder einmal in die Hand nehmen, die ihn trägt. Das Wasser wieder einmal spüren, das ihm Kraft und Frische schenkt. Mal tief durchatmen mit der Luft, die er zum Leben braucht. Die Kraft der wärmenden Sonne tanken. Der Rat des Propheten wirft ihn zurück auf das Elementare nicht nur seines Lebens.
Und das braucht Zeit. Das braucht Geduld. Und auch der Blick nach oben wird ihm dabei gut tun. Könige leben im Tagesgeschäft. Propheten schauen über den Tag hinaus. Und Beiden wird es gut tun, hin und wieder vor dem Heiligen einmal zur Ruhe zu kommen, um danach in der Gewissheit der Gegenwart Gottes weitergehen zu können. Naaman wird dies in gleicher Weise gut tun.

Wann immer wir beim Erzählen der biblischen Geschichten auf die Zahl Sieben stoßen, sollen wir dabei an das Heilige erinnert sein, sollen wir daran erinnert sein, dass die Priester etwas Wertvolles zu bewahren und weiterzugeben haben.
Naaman musste erst mal raus aus seinem Alltag. Kein König sollte mehr in seiner Nähe sein. Kein Prophet war nun mehr angebracht. Kein Kollege und kein Briefkasten, kein Computer und kein Handy, nur Erde, Wasser, Luft und Wärme. Siebenmal abtauchen sollte Naaman nach den Worten der biblischen Geschichte. Im Elementaren wird er wieder zur Ruhe kommen, um sich der Gegenwart des Heiligen auch in seinem Leben aufs Neue gewiss zu werden.

Ganz langsam lernte Naaman im Laufe der Zeit, zu seinen Schwächen wieder stehen zu können, über diese wieder reden zu

können, und hier und da sogar darüber schmunzeln zu können. Schwer fiel es ihm, für seine Gefühle Worte zu finden. Manche von diesen Worten erzählte er anderen weiter, manche behielt er lieber für sich. Aber allein vor sich selbst Worte zu finden, um seine Gefühle zu beschreiben, war schon schwer genug.
Und während sich Naaman bisweilen ganz neu kennen lernte, genoss er manche zurückeroberte Freiheit und auch Zwangslosigkeit.

Natürlich musste er irgendwann wieder zurück - in seine Heimat mit deren Alltag. In den Worten der Bibel heißt es, er nahm dabei Erde mit, so viel wie zwei Maultiere tragen können. Heilige Erde nahm er mit nach Hause. Für ihn heilige Erde von dem Ort, an dem er Hilfe empfangen hatte.
Es darf sein Geheimnis bleiben, inwiefern und auf welche Weise, mit Hilfe welcher Rituale und wie oft er sich damit der Gegenwart des Heiligen in seinem Leben immer wieder aufs Neue gewiss wird.
Und natürlich wusste er, dass sein Alltag ihm auch weiterhin gewisse Zwänge und Nöte abverlangen wird. Er bittet daher den Propheten schon im Vorab um Vergebung. Aber das ist fast eine andere Geschichte, und nicht weniger verheißungsvoll.
Übrigens: Die erste Anfechtung in seinem neuen Alltag, die begegnete ihm bereits auf seinem Rückweg. Eine üble Geschichte. Aber auch das ist fast eine neue Geschichte, und nicht weniger typisch für uns Menschen, so wir denn im Leben zu Hause sind.

Das Hoffnungsvolle aber der biblischen Geschichten ist, dass sie ihrem Wesen nach eben doch keine aus nur vergangener Zeit sind.

Und wenngleich Naaman mit erneuten Anfechtungen zu kämpfen und in weiteren Zwängen zu leben hat, so steht er doch stets neu vor der Möglichkeit, anders als bisher gewohnt zu reagieren.
Erneut hat er die Möglichkeit, über seine Schwächen zu schmunzeln oder um Hilfe zu bitten wo es nötig ist. Erneut hat er die Möglichkeit, Fehler einzugestehen und von Herzen um Entschuldigung zu bitten, wo etwas falsch gelaufen ist.
Wann immer ihm dies als Schwäche ausgelegt wird, wird er in der Situation entscheiden müssen, wie darauf zu reagieren ist. Nicht jeder wird Naaman verstehen können.
Wo immer aber heute Naaman auch von seinen Schwächen reden darf und dabei sogar auf Verständnis stößt - sollte da Gott nicht in seiner Nähe zu finden sein?

Nachkriegsgeschichten

1. MOSE 1

Wenn Menschen in der Fremde ihre Lieder aus der Heimat singen können ...

Ich möchte euch eine Geschichte erzählen, in der Menschen einerseits ganz Schreckliches erlebt haben, und doch nach einer Weile wieder ein ganz besonderes Lied anstimmen konnten.
Eigentlich ist es die Geschichte dieses Liedes, die ich euch erzählen will. Jede Geschichte eines Liedes ist jedoch so eng mit der Geschichte derer verwoben, die es gesungen und geschrieben haben, dass sie zugleich die Geschichte bestimmter Menschen ist.
Es mag also dahingestellt sein, ob es die Geschichte dieser Menschen oder die Geschichte dieses Liedes ist, die ich euch erzählen will. Ja, es ist beides zugleich.

Das Besondere an Nachkriegsgeschichten ist, dass sie schrecklich und schön in gleicher Weise sind. Schrecklich, was Menschen im Krieg erleben müssen. Schön, wenn dieser vorbei ist und endlich Nachkriegsgeschichten erzählt werden können.

Aber auch die Nachkriegszeit ist eine schwere Zeit für alle, die sie mit erleben müssen. Die Einen sehen ihre zerstörte Heimat. Vor den Trümmern ihrer Häuser stehen sie und wissen nicht, ob sie die Kraft haben werden, ganz von Neuem wieder anzufangen. Die Anderen müssen aus ihrer Heimat fliehen und fangen auch von Neuem an, in einer fremden Umgebung, in einem fremden Land, unter fremden Menschen mit fremden Gewohnheiten.
Als Fremdling nichts in den Händen zu haben ist zwar ein anderes Brot wie vor den Trümmern seines eigenen Hauses zu stehen, weniger hart ist wohl keines von beiden. Unvorstellbar sind Flüchtlingsgeschichten für diejenigen, die ihre Heimat nie verlassen mussten. Unvorstellbar sind Nachkriegsgeschichten für diejenigen, die immer in Frieden in ihren Häusern leben konnten.

Im Jahre 587 vor Christus wurde die Stadt Jerusalem samt ihrem Tempel im Krieg zerstört. Schreckliches haben die Menschen dabei erlebt. Kriege schreiben wahre und zugleich unvorstellbar schreckliche Geschichten. Und sie schreiben ganz unterschiedlich ihre Geschichten.
Der Krieg hat viele Gesichter und inmitten alles Furchtbaren gibt es sogar hier und da - schaut man denn genauer hin - auch Hoffnungsvolles und Wunderbares. Geschichten der Freundschaft zwischen Feinden, Geschichten der Hilfe zwischen Fremden, Geschichten der Bewahrung zwischen Krankheit und Tot. Nur selten geschehen sie mitunter und es fällt schwer, sie als hoffnungsvoll und wunderbar angesichts ihres Hintergrundes zu beschreiben. Aber gäbe es nicht auch diese Kriegsgeschichten, hätte mancher selbst die letzte Kraft und Hoffnung noch verloren.

Nachkriegsgeschichten sind Gott sei Lob und Dank andere als Kriegsgeschichten. Endlich ist der Krieg vorüber, und so lassen sie sich befreiter erzählen. Aber auch hier waren viele selbst für ein Stück hartes Brot noch dankbar. Hartes Brot ist besser als gar kein Brot. Und so sollte wohl selbst hartes Brot nie weggeworfen werden.

Jerusalem war samt seinem Tempel im Krieg zerstört. Es darf an dieser Stelle dahingestellt sein, wer auf der anderen Seite des Krieges stand. An vorderster Front standen Menschen mit viel Angst und mit viel Schmerz - auf beiden Seiten. Wann immer der Mensch Kriegsgeschichten oder Geschichten aus der Zeit danach erzählt, sind es meistens nur der einen Seite Geschichten. Es soll an dieser Stelle also wirklich dahingestellt sein, in welches Land diejenigen gebracht wurden, die Jerusalem verlassen mussten.

Nicht wenige Israeliten mussten mit dem Ende des Krieges in die Fremde ziehen. Andere konnten in der Heimat bleiben und standen vor den Trümmern ihrer Häuser in Jerusalem. Was wiegt schwerer? Dieses oder Jenes? Darf Leid denn verglichen werden? Leid lässt sich wohl nur schwer aufwiegen und vergleichen.
„Dessen Sorgen möchte ich haben!“ In vielen Dingen des Lebens wird es dem Menschen wahrlich nicht gut tun, sich und das Seine mit anderen und dem Ihren zu vergleichen. Geld und Gut wird oft verglichen. Ein Teufelskreis, wer hier beginnt. Oder beginnt der Teufelskreis vielleicht schon früher? Weshalb nur gibt es überhaupt den Anlass, Geld und Gut sich aufzuwiegen? Aber das sind andere Geschichten und ich muss dabei wieder an die von Abel und von Kain zurück denken.

Viel weniger noch wird es hilfreich sein, das Leid und die Sorgen, die Nöte und die Trauer von uns Menschen in eine Waage zu werfen.
Geld und Gut mag zählbar und abrechenbar sein. Und nicht wenige Situationen wird es geben, in der auch hier das Vergleichen ein erster Gedanke von Gerechtigkeit sein kann.
Schmerz und Leid dagegen lässt sich nur schwer aufwiegen. Mag sein, dass des Einen Sorge größer scheint als die des Anderen. Und doch können die scheinbar kleineren Sorgen des Anderen - „dessen Sorge möchte ich haben!“ - für diesen schwerer zu verkraften sein als die vielleicht größeren Sorgen des Einen.
Gott hat seine Menschen sehr unterschiedlich geschaffen. Und so ist der Mensch gerade auch in seinem körperlichen und seelischen Schmerzempfinden sehr verschieden. Und doch: Kein Mensch auf dieser Welt, der keinen Schmerz empfindet.
„Deine Sorgen möchte ich haben!“ - Wie viel Schmerz mag allein nur dieser Satz schon hervorgebracht haben?

Unzählige Male mussten Menschen, seid es Kriege gibt auf Erden, in die Fremde ziehen. Als Vertriebene fliehend oder als Flüchtlinge vertrieben kommen sie in anderen Gegenden an. Und als ob die schwere Arbeit dabei nicht schon genug wäre, gilt es auch noch, sich in fremde Sprachen und Kulturen, sich in die fremden Völker und Gewohnheiten einzufügen.
Die weggeführten Menschen aus Jerusalems sollten 70 Jahre in der Fremde leben. Allein schon wegen dieser Zahl sahen viele von ihnen ihre Heimat nie wieder. Viele Vertriebene dieser Welt haben ihre Heimat nie im Leben wiedergesehen.

„70 Jahre lebte das Volk Israel in der Fremde." Beim Erzählen der biblischen Geschichten mag dieser Satz bisweilen schnell dahingesagt sein. Welche Tragweite jedoch steht hinter diesen kurzen Worten?
Sowohl schwer als auch ein ganzes Leben lang wiegt die Erfahrung von Menschen, die ihre Heimat verlassen mussten, um in ein Fremdes Land zu gehen. Nicht immer muss ein Krieg die Ursache dafür sein. Gott sei Dank ist nicht immer ein Krieg die Ursache dafür, dass Menschen ihre Heimat verlassen. Aber auch dann haben sie es schwer, in der Ferne zu Recht zu kommen.

Wie kommen sie in der Fremde zu ihrem Recht? Was ist dabei ihr Recht? Haben sie überhaupt Anspruch auf ein Recht? Ja, welches Recht? Des Menschen Recht? Des Lebens Recht? Des Glaubens Recht?
Hat der Fremdling im Land das gleiche Recht wie... Wer sind überhaupt die Fremden im Land? Für die bereits vor Ort seienden sind die Kommenden die Fremden. Für die Kommenden sind die bereits vor Ort seienden die Fremden. Alles nur Menschen?

„70 Jahre lebte das Volk Israel in der Ferne." Nicht fremd fühlt sich in der Regel der Mensch dort, wo er geboren wurde, in Frieden aufwuchs und jetzt leben kann. Müssten sich also zumindest nicht die Kinder und Kindeskinder der einst unterwegs Gewesenen im neuen Land jetzt wohlfühlen? Das Land, in das hinein sie geboren worden und in dem sie aufwachsen konnten – ist es nicht ihr Heimatland? Natürlich hören sie die Geschichten vom Land ihrer Eltern und Großeltern; das Land, in dem einst ihre Vorfahren

wohnten. Welches aber ist ihr Heimatland? Das Land, indem sie wohnen? Das Heimatland der Vorfahren, das sie hin und wieder besuchen? Das Heimatland besuchen? Kann der Mensch sich denn zu Hause besuchen?
Wann immer Menschen ihre Heimat verlassen haben und in die Fremde gezogen sind, werden selbst noch ihre Kinder und Kindeskinder sich fragen und auch suchen müssen, wer sich wo und wie zu Hause fühlen kann. Keine leichten Fragen. Keine leichte Suche. Gut, treffen sie dabei auf Menschen, die ihnen diese Suchen eher leichter als schwerer machen.

Im Laufe der Zeit versuchten die Vertriebenen aus Israel im fremden Land Fuß zu fassen.
Eine fremde Sprache kann man lernen - mehr oder weniger - wenngleich dies den einen Menschen sehr viel leichter fällt als den anderen. Es sollten auch hier die einen den anderen keine Vorwürfe machen. Nicht jedermanns Sache ist es, einfach eine fremde Sprache zu lernen.
An das Wesen einer anderen Kultur kann man sich anpassen - mehr oder weniger - wenngleich dies den einen Menschen sehr viel leichter fällt als den anderen. Es sollte wahrlich auch hier keiner einen Vorwurf erheben. Nicht jedermanns Sache ist es, sich anzupassen.
Die Gewohnheiten des neuen Landes kann man übernehmen - mehr oder weniger - wenngleich dies den einen Menschen sehr viel leichter fällt als den anderen. Nicht jedermanns Sache ist es, neue Gewohnheiten problemlos zu übernehmen.

Gut, wenn Menschen sich anpassen können. Auch gut, wenn sich nicht alle anpassen. Zu viel angepasste Menschen sind nicht weniger schwierig als zu viel unangepasster Menschen.
Eine Menge zu tun gibt es also beim Umgewöhnen des Gewohntem, beim Eingewöhnen in neue Gewohnheiten, beim Angewöhnen des Ungewohntem. Verwöhnten Menschen fällt es in der Regel schwerer, sich in Neues einzugewöhnen. Aber der Mensch gewöhnt sich an alles - so sagen zumindest die, die sich nicht allzu oft an Neues gewöhnen brauchen.

Aber letztlich kann sich der Mensch in vieles einfügen. Er kann neue Sprachen lernen, ohne dabei seine Muttersprache zu vergessen. Er kann neue Kulturen kennen lernen, ohne dabei seine Herkunft aufzugeben.
Und er kann auf Geschichten des Glaubens anderer Menschen hören, ebenso wie er selbst Geschichten seines eigenen Glaubens erzählen kann. Einfach nur zu glauben, was erzählt wird, ist nicht immer angebracht. Aber sich erzählen, was geglaubt wird, kann erst einmal nichts schaden.

Welch Reichtum kann entstehen, wenn sich Menschen verschiedener Sprache und Kultur Geschichten ihres Glaubens erzählen. Welch Reichtum kann entstehen, wenn Menschen verschiedener Sprache und Kultur auf Gebete ihres Glaubens hören. Welch Reichtum kann entstehen, wenn sich Menschen verschiedener Sprache und Kultur Lieder ihres Glaubens singen.
Welch Reichtum kann entstehen, wenn Menschen verschiedener Sprache und Kultur statt nur das Ihre zu glauben zugleich zu hören

beginnen. Welch Freude bei Gott im Himmel, wenn seine Geschöpfe zu erzählen und zu hören beginnen, anstatt zu viel einfach nur zu glauben.

„Wer Ohren hat zu hören, der höre!" Wer Ohren hat zu hören, der höre, was der Andere aus seinem Leben und aus seinem Glauben zu erzählen hat. Um nicht mehr und um nicht weniger muss es gehen, wenn Menschen verschiedener Sprache und Kultur sich ihre Geschichten aus dem Leben erzählen, die für viele zugleich Glaubensgeschichten sind.

Ja, es muss bei weitem um nicht mehr gehen, als um das Hören. Man stelle sich zwei Menschen vor, die jeweils dabei mehr erwarten würden. Man stelle sich also zwei Menschen vor, die gegenseitig voneinander erwarten, dass der andere die eigene Ansicht einfach glaubt und auch übernimmt. Und man stelle sich nun wirklich diese beiden Menschen vor und: Dies geschieht dann wirklich auch so - auf beiden Seiten.

„Wer Ohren hat zu hören, der höre,..." - wann immer sich Menschen verschiedener Sprache und Kultur begegnen.

Den Israeliten war es ein Stück Heimat, ein Stück Hoffnung, ein Stück Grund und Boden unter den Füßen, stimmten sie in der Fremde in ihre Glaubenslieder ein. Manche kannte man noch aus den vergangenen Zeiten. Andere sind in Vergessenheit geraten. Und wieder andere hat man neu geschrieben.

Lieder sind Geschichte. Lieder sind Erinnerung. Lieder sind Gefühl. Lieder sind ein Stück der Heimat.

Wann immer Menschen in die Fremde zogen, nahmen sie dabei auch ihre Lieder aus der Heimat mit. Bisweilen konnten Menschen in Flucht und Vertreibung nur das mitnehmen, was sie auf dem Leibe trugen. Aber selbst dann hatten sie noch mehr bei sich. Lieder aus der Heimat sind Erinnerung und Geschichte, Kraft und Zuversicht.

Alles im Leben hat mindestens seine zwei Seiten. Und so ist auch der Umgang mit der Erinnerung wahrlich keine leichte Aufgabe. Nicht nur Kraft steckt im Erinnern. Erinnern kann auch schmerzlich sein und alte Wunden wieder öffnen. In der Fremde alte Lieder aus der Heimat singen – ja einerseits verleiht es Grund und Boden unter die Füße, und andererseits wühlt es doch auch wieder auf.
Auch hier hat Gott seine Menschen sehr verschieden geschaffen. Was dem Einen hilft, kann dem Anderen auch schaden. Wenn Menschen in der Fremde leben, helfen Lieder aus der Heimat als Erinnerung. Erinnern ist wie Medizin, zu wenig und zu viel hilft nicht groß weiter - auf die rechte Dosis kommt es an.

Nicht zuletzt auch als Erinnerung hat Israel in der Fremde seine alten Glaubenslieder gesungen. Gut, wenn die guten alten Lieder nicht so schnell vergessen werden.
Andere jedoch hat man neu geschrieben. Wunderbar, wenn auch dies nach schweren Wegen wieder möglich ist. Gut, wenn in den Herzen der Menschen auch ein neues Lied entsteht.
Am besten aber, es werden alte neue Lieder gesungen. Am besten, das Erbe der Erinnerung wird mit in die neue Zeit hineingenommen. Wann immer Menschen neue alte und alte neue Glaubenslieder

singen, singen und bekennen sie ihren alten Glauben der Vorfahren in die neue Zeit hinein.
Ein sehr bekanntes dieser alten neuen Glaubenslieder, die Israel in der Fremde gesungen hat, steht gleich zu Beginn aller Worte in der Bibel:

> „Am Anfang schuf Gott Himmel und Erde. Und die Erde war wüst und leer. Und Gott sprach: Es werde Licht! Und es ward Licht. Und Gott machte zwei große Lichter: ein großes Licht, das den Tag regiere, und ein kleines Licht, das die Nacht regiere, dazu auch die Sterne. Und so vollendete Gott am siebenten Tage seine Werke, die er machte, und ruhte am siebenten Tage von allen seinen Werken, die er gemacht hatte."

Eigentlich ist es viel länger. Menschen, die sich in der Fremde noch nicht ganz zu Recht gefunden haben, stimmten gerade deshalb ein neues altes Glaubenslied zum Lobe ihres Schöpfers an.
Alt und neu muss es zugleich sein. Alt muss das Lied sein, um Kraft und Trost und Halt zu geben. Neu muss das Lied sein, um in der neuen Zeit ganz gut zu Recht zu kommen. Und was verbindet alt und neu? Den Schöpfer groß zu loben, das geht doch zu jeder Zeit.

Es gibt Menschen, denen es von Herzen wichtig ist, an jedem siebenten Tag in der Woche ihren Feiertag zu halten. Andere leben in einem anderen Rhythmus.
Man stelle sich vor, es ziehen Menschen in die Fremde, denen es von Herzen wichtig ist, an jedem siebenten Tag der Woche ihren

Feiertag zu halten. Und man stelle sich vor, in dem Land, in dem sie nun leben, kennt man diesen Rhythmus nicht.
Sollten die Einen also die Gewohnheiten ihres Glaubens im neuen Land einfach aufgeben? Sollten die Anderen es ihnen gar verbieten, in ihrem Glauben zu Hause zu sein? Was ist des Menschen Recht?
Glaubenslieder können helfen, sich zu Recht zu finden und zu Recht zu kommen: „Und am siebenten Tag ruhte Gott von allen seinen Werken." So endet dieses Glaubenslied. Welch große Bitte um des Glaubens Recht und welch großes Bekenntnis mögen wohl hinter diesen Worten dieses Glaubensliedes stehen?

Es gibt Menschen, die haben in ihrem Glauben den EINEN Gott gefunden. Und es gibt Menschen, die finden das Göttliche auf ihre Weise.
Man stelle sich vor, es ziehen Menschen in die Fremde, die für sich den EINEN Gott gefunden haben. Und man stelle sich vor, in dem Land, in dem sie nun leben, sind Sonne, Mond und Sterne die Götter die es zu verehren gilt.
Sollten die Einen also die Gewohnheiten ihres Glaubens im neuen Land einfach aufgeben? Sollten die Anderen es ihnen gar verbieten, in ihrem Glauben zu Hause zu sein? Was ist des Glaubens Recht?
Glaubenslieder können helfen, sich zu Recht zu finden und zu Recht zu kommen: „Und Gott, der EINE, machte zwei große Lichter: ein großes Licht, das den Tag regiere, und ein kleines Licht, das die Nacht regiere, dazu auch die Sterne."
Welch große Bitte und welch großes Bekenntnis mögen wohl hinter diesen Worten dieses Glaubensliedes stehen?

Zu allen Zeiten gibt es solche und solche Menschen. Die einen können gut zuhören. Andere können umso lauter reden. Menschen, die gut zuhören können, sind bisweilen etwas zurückhaltender beim Reden. Menschen dagegen, die viel zu erzählen haben, fällt es hin und wieder etwas schwer, andere zu hören.
Aber selbst hier gibt es auf beiden Seiten wieder solche und solche. Und so gibt es sogar solche, die Beides gut können und andere, denen Beides schwer fällt.
Wenn Menschen sich in der Fremde zu Recht finden müssen, werden sie wohl behutsam ihre eigenen Glaubenslieder singen, und doch kann ihnen wahrlich nichts Besseres geschehen, als dass sie auf offene und auf weitherzige, auf verständnisvolle und auf zuhörende Menschen treffen, die hören, was die anderen zu singen haben.

Das Hoffnungsvolle aber der biblischen Lieder ist, dass sie ihrem Wesen nach eben doch keine aus nur vergangener Zeit sind. Und wenngleich es den Israeliten im fremden Land viel Mut abverlangte, ihre Glaubenslieder zu singen; und wenngleich es auf anderer Seite viel Verständnis brauchte, um die Botschaft fremder Glaubenslieder zu hören, so stehen doch alle Beteiligten stets neu vor der Möglichkeit, gut aufeinander zu hören.
Wann immer Menschen heute in der Fremde ihre eigenen Lieder aus der Heimat singen können, und wann immer sie dabei auf Menschen treffen, die sie singen lassen oder gar bereit sind, ihnen zuzuhören - sollte da Gott nicht in ihrer Nähe zu finden sein?

Printed by Books on Demand GmbH, Norderstedt / Germany